【黎明前的钟声】

SUZHONGZHANDIWENHUA

苏中战地文化

张贵驰 著

苏州大学出版社

图书在版编目（CIP）数据

苏中战地文化 / 张贵驰著. — 苏州 ： 苏州大学出版社，2012. 8
（江海文化丛书 / 姜光斗主编）
ISBN 978-7-5672-0203-0

Ⅰ. ①苏… Ⅱ. ①张… Ⅲ. ①苏中抗日根据地—文化史—史料 Ⅳ. ①K269. 503

中国版本图书馆CIP数据核字（2012）第206221号

书　　名　苏中战地文化
著　　者　张贵弛
责任编辑　张　希
出版发行　苏州大学出版社
　　　　　（苏州市十梓街1号　215006）
印　　刷　南通市崇川广源彩印厂
开　　本　890×1240　1/32
印　　张　7.875
字　　数　196千
版　　次　2012年8月第1版
　　　　　2012年8月第1次印刷
书　　号　ISBN 978-7-5672-0203-0
定　　价　22.00元

苏州大学出版社营销部　电话：0512-65225020
苏州大学出版社网址　http://www.sudapress.com

“江海文化丛书”总序

李　炎

由南通市江海文化研究会编纂的“江海文化丛书”（以下简称“丛书”），从2007年启动，2010年开始分批出版，兀兀穷年，终有所获。思前想后，感慨良多。

我想，作为公开出版物，这套“丛书”面向的不仅是南通的读者，必然还会有国内其他地区甚至国外的读者。因此，简要地介绍南通市及江海文化的情况，显得十分必要，这样便于了解南通的市情及其江海文化形成的自然环境、社会条件和历史过程；同时，出版这套“丛书”的指导思想、选题原则和编写体例，一定也是广大读者所关心的，因此，介绍有关背景情况，将有助于阅读和使用这套“丛书”。

南通市位于江苏省中东部，濒江（长江）临海（黄海），三面环水，形同半岛；背靠苏北腹地，隔江与上海、苏州相望。南通以其独特的区位优势及人文特点，被列为我国最早对外开放的14个沿海港口城市之一。

南通市所处的这块冲积平原，是由于泥沙的沉积和潮汐的推动而由西北向东南逐步形成的，俗称江海平原，是一片古老而又年轻的土地。境内的海安县沙岗乡青墩新石器文化遗址告诉我们，距今5 600年左右，就有先民在此生息繁衍；而境内启东市的成陆历史仅300多年，设县治不过80余年。在漫长的历史过程中，这里有沧海桑田的变化，有八方移民的杂处；有四季分明、雨水充沛的“天时”，有产盐、植棉的“地利”，更有一代代先民和谐共存、自强不息的“人和”。19世纪末20世纪初，这里成为我国实现早期现代化的重要城市。晚清状元张謇办实业、办教育、办慈善，以先进的理念规划、建设、经营城市，南通走出了一条与我国近代商埠城市和曾被列强所占据的城市迥然不同的发展道路，被誉为“中国近代第一城”。

南通于五代后周显德五年（958）筑城设州治，名通州。北宋时一度（1023—1033）改称崇州，又称崇川。辛亥革命后废州立县，称南通县。1949年2月，改县为市，市、县分治。1983年，南通地区与南通市合并，实行市管县新体制至今。目前，南通市下辖海安、如东二县，如皋、海门、启东三市，崇川、港闸、通州三区和国家级经济技术开发区；占地8 001平方公里，常住人口约770万，流动人口约100万。据国家权威部门统计，南通目前的总体实力在全国大中城市（不含台、港、澳地区）中排第26位，在全国地市级中排第8位。多年来，由于各级党委、政府的领导及全市人民的努力，南通获得了“全国文明城市”、“国家历史文化名城”、“全国综合治理先进城市”、“国家卫生城市”、“国家环保模范城市”、“国家园林城市”等称号，并有“纺织之乡”、“建筑之乡”、“教育之乡”、“体育之乡”、“长寿之乡”、“文博之乡”等美誉。

江海文化是南通市独具特色的地域文化，上下五千年，南北交融，东西结合，具有丰富的历史内涵和深邃的人文精神。同其他地域文化一样，江海文化的形成，不外乎两种主要因素，一是自然环境，二是社会结构。但她与其他地域文化不尽相同之处是，由于南通地区的成陆经过漫长的岁月和不同阶段，因此移民的构成呈现多元性和长期性；客观上又反映了文化来源的多样性以及相互交融的复杂性，因而使得江海文化成为一种动态的存在，是"变"与"不变"的复合体。"变"的表征是时间的流逝，"不变"的表征是空间的凝固；"变"是组成江海文化的各种文化"基因"融合后的发展，"不变"是原有文化"基因"的长期共存和特立独行。对这些特征，这些传统，需要全面认识，因势利导，也需要充分研究和择优继承，从而系统科学地架构起这一地域文化的体系。

正因为江海文化依存于独特的地理、自然环境，蕴含着自身的历史人文内涵，因而她总会通过一定的"载体"体现出来。按照联合国教科文组织的分类，"文化遗产"可分为四类：即自然遗产、文化遗产、自然与文化遗产、非物质文化遗产。而历史文化人物、历史文化事件、历史文化遗址、历史文化艺术等，又是这四类中常见的例证。譬如，我们说南通历代人文荟萃、名贤辈出，可以随口道出骆宾王、范仲淹、王安石、文天祥、郑板桥等历代名人在南通留下的不朽篇章和轶闻逸事；可以随即数出三国名臣吕岱，宋代大儒胡瑗，明代名医陈实功、文学大家冒襄、戏剧泰斗李渔、曲艺祖师柳敬亭，清代扬州八怪之一的李方膺等南通先贤的生平业绩；进入近代，大家对张謇、范伯子、白雅雨、韩紫石等一大批南通优秀儿女更是耳熟能详；至于说现当代的南通籍革命家、科学家、文学家、艺术家以及各行各业的优秀人才，也是不胜枚举。在他们身上，都承载着江海文化的优秀传统和人文精神。同样，历史文化的其他类型也都是认识南通和江海文化的亮点与切入口。

本着"文化为现实服务，而我们的现实是一个长久的现实，因此不能急功近利"的原则，南通市江海文化研究会在成立之初，就将"丛书"的编纂作为自身的一项重要任务。

我们试图通过对江海文化的深入研究，将其中一部分能反映江海文化特征，反映其优秀传统及人文精神的内容和成果，系统整理、编纂出版"江海文化丛书"。这套"丛书"将为南通市政治、经济、社会全面和谐发展提供有力的文化支撑，为将南通建成文化大市和强市夯实基础，同时也为"让南通走向世界，让世界了解南通"作出贡献。

"丛书"的编纂正按照纵向和横向两个方向逐步展开。

纵向——即将不同时代南通江海文化发展史上的重要遗址（迹）、重大事件、重要团体、重要人物、重要成果经过精选，确定选题，每一种写一方面具体内容，编纂成册；

横向——即从江海文化中提取物质文化或非物质文化的精华，如"地理变迁"、"自然风貌"、"特色物产"、"历代移民"、"民俗风情"、"方言俚语"、"文物名胜"、"民居建筑"、"文学艺术"等，分门别类，进行归纳，每一种写一方面的内容，形成系列。

我们力求使这套"丛书"的体例结构基本统一，行文风格大体一致，每册字数基本相当，做到图文并茂，兼有史料性、学术性和可读性。先拿出一个框架设想，通过广泛征求意见，确定选题，再通过自我推荐或选题招标，明确作者和写作要求，不刻意强调总体同时完成，而是成熟一批出版一批，经过若干年努力，基本完成"丛书"的编纂出版计划。有条件时，还可不断补充新的选题。在此基础上，最终完成《南通江海文化通史》《南通江海文化学》等系列著作。

通过编纂"丛书"，我有四点较深的体会：

一是有系统深入的研究基础。我们从这套"丛书"，看到了每一单项内容研究的最新成果，作者都是具有学术素养的资料收集者和研究者；以学术成果支撑"丛书"的编纂，增强了它的科学性和可信度。

二是关键在广大会员的参与。选题的确定，不能光靠研究会领导，发动会员广泛参与、双向互动至关重要。这样不仅能体现选题的多样性，而且由于作者大多出自会员，他们最清楚自己的研究成果及写作能力，充分调动其积极性，可以提高作品的质量及成书的效率。

三是离不开各个方面的支持。这包括出版经费的筹措和出版机构的运作。由于事先我们主动向上级领导汇报，向有关部门宣传，使出版“丛书”的重要性及迫切性得到认可，基本经费得到保证；与此同时，“丛书”的出版得到苏州大学出版社的支持，出版社从领导到编辑，高度重视和大力配合；印刷单位全力以赴，不厌其烦。这大大提高了出版的质量，缩短了出版周期。在此，由衷地向他们表示谢意和敬意！

四是有利于提升研究会的水平。正如有的同志所说，编纂出版“丛书”，虽然有难度，很辛苦，但我们这代人不去做，再过10年、20年，就更没有人去做，就更难做了。我们活在世上，总要做些虽然难但应该做的事，总要为后人留下些有益的精神财富。在这种精神的支撑下，我深信研究会定能不辱使命，把“丛书”的编纂以及其他各项工作做得更好。

研究会的同仁嘱我在“丛书”出版之际写几句话。有感而发，写了以上想法，作为序言。

2010年9月

（作者系南通市江海文化研究会会长，“江海文化丛书”编委会主任）

活跃的1946——

记苏中解放区文艺运动的一时期（代序）

李俊民

苏中是华中解放区的一个部分，位置在今天苏北的南半部，襟江带海，和当时国民党统治区的上海只是一江之隔，是全国解放区的重要战略基地之一，也是蒋政权反革命势力所必争的犄角。在旧中国时代，这个地区的文化不算很发达，少数城市留有一定数目的旧文人。微弱的新文化运动的活动分子，也多半分散在全国各地，在本乡本土的活动很少；因此，在这个广漠的平原上，新文化运动是缺乏基础的，如果谈到文艺，则更是一片荒芜凄凉的原野。

给这个地区带来了新的生命，向它注入了新的血液的，是抗日阶段新四军的东进。东进初期，新四军的文化队伍也并不太大，而且他们又是随军的，一下子还不可能起很大的作用；可是从他们有了活动以后，影响却越来越大，散播了无数革命的和进步的种子，他们又成长为新苗，因而茁壮、滋长。到了1945年，抗日战争胜利了。新四军所坚持的敌后阵地有了扩大。在苏中，那时候除南通、泰州和扬州少数沿江城市外，均由苏中的人民武装先后予以解放，指挥单位也已驻守到如皋城内，和抗日民主政权在一起。这时候，士气旺盛，万民欢腾，一度出现了和平景象。当时党中央为了制止内战，一方面和蒋介石集团谈判和平，一方面也已经提出了和平民主建设的口号，作为解放区军民努力的目标。

因为如皋地处大江北岸，又是苏中民主政权所在地，消息是灵通的，这里能看到国民党军的剑拔弩张，能听到他们的阴谋部署，自然不能和平麻痹到睡觉的程度，所以全体军民保持高度的警惕，既不怕内战的威胁，而又竭力争取和平。这个局面，实际上是外松内紧，并没有因日军投降而万事大吉，反映到文学作品中来，也都能保持着这种战斗的意志，没有表现松懈。果然，执行小组的谈判失败了，国民党军在南通制造了“三一八”惨案，屠杀了大批要求制止内战的知识青年，且有土匪武装侵入了抗日民主根据地，屠杀了很多的地方正义人士以及大批和平居民，这就更增加了文化运动中的战斗气氛和义愤不平之气。这种气氛，和国民党统治区人民的呼吸是相通的，尽管国民党统治区特务严密监视和防范，那时在如皋编辑出版的《文综》杂志，也还有一部分在上海等城市秘密发售，被读者视为珍宝。

同时，由于抗战的胜利，华中解放区已经连成一片，在暂时和平的环境下，广泛地开展华中地区的新文艺运动已经成为可能。当时在华中活动的文艺工作者有黄源、楼适夷、范长江、阿英、芳信、章枚和夏征农等，他们对于苏中的文化活动是关心的，愿意给以支持。这时延安、华北和山东文协的出版物也能运到，偶然也可以找到在重庆等地出版的文艺作品，上海的进步刊物更能经常地见到。事实上，苏中当时的文化活动已经不是孤立的，它已成为全国新的文艺运动的一部分，它的优点也和其他解放区一样，保持着解放区文艺运动的特点，坚持着工农兵方向和走群众路线，和群众保持着密切的联系。事实证明，当时带有自发性的群众文艺活动，在这一年达到了空前的高潮。

这一年，在如皋编辑出版的期刊，有综合性的杂志《文综》，是由华中一分区文协负责编辑的，后来它和一分区青年联合会准备出版的《新生代》合并了，更扩大了它的读者对象。一分区文协同时编有专给工农群众阅读的期刊《民间》，和《文综》并行出版。由部队文艺工作者负责编辑的，有《戏剧和音乐》，也是期刊。在音乐方面，经常撰文和作曲的有张庚、张锐、践耳、施羽（已故）和丘晓等；戏剧方面主要是写作剧本，作者有沈西蒙、王啸平和顾宝璋等。由于剧本的创作较多，期刊不可能完全容纳，因而印行了戏剧丛书，如姜旭的《刘桂英是朵大红花》、西蒙的《重庆交响乐》、王啸平的《第二代》、石流的《维持维持》和吴强的《丁赞亭》等。这些剧本反映了抗战时期各个方面的斗争，后来由于时局迅速变化，有些丛书没有能够继续出版。

在《文综》创刊号上，载有李守章的一篇论文《中国的文艺新军在解放区里》，所谈到的虽还不够全面，但对在解放区里如何培养文艺新军的问题，提出了努力的方向。发表在第五期的李守淦的论文《应该加以总结与发扬的文艺运动》，是这篇文章的补充和说明。写政治和经济论文的有何干之、孙海夫、施平和邓克生等。文艺论文如汪普庆的《谈民间艺术形式的利用与改造》和施羽的《论绘画的民间形式》，都对继承遗产和接受民族形式的问题有过很好的发挥，而对当时的群众文艺活动也具有一定的指导作用。当时写小说和散文的有夏阳、任何（施子阳）、章品镇和史略等；写诗歌的有白夜、白得易、施羽和丘晓等。施羽的歌词如《别处哪儿有》和《纺纱织布》，因有沈亚威的作曲，几乎唱遍了苏中，是继《黄桥烧饼歌》之后，最易普及而富有意趣的歌曲。在这个综合的期刊中，文艺作品的比重较大。以上期刊和丛书等的印刷，出版和发行，都由一分区的韬奋书店负责。他们不但辛勤地工作，而且不避艰险和牺牲往来于国民党统治区和解放区之间，为扩大解放区的政治影响而斗争。他们自己也印刷了邹韬奋的遗著《抗战以来》。由于他们在工作中得到了锻炼，获得这方面的较为专门的技能，也就为新中国储备了一批出版发行的人才，这也是值得提出的一件事。

在这个运动的鼓舞下,有好些解放区的作家写出了自己的作品，如冯岗的《火烧震东寺》，夏征农和吴天石、沈西蒙的古装话剧《甲申记》，等等，都是在那时候写作的。那时有名的"苏中前线剧团"非常活跃，单《甲申记》就演出了数十场，并且演过自编的三幕新闻剧《盐城之战》，效果极好，同时为干部们演出了《同志，你走错了路！》，给了革命干部深刻的教育；还有其他的演出，等等。木刻和年画，在这时也有了相应的发展。

应该指出，上述整个文艺运动的发展，比之于当时的军事、政治和经济方面的发展，还是很落后的，总的来说，成绩并不太大。在文艺作品方面，由于活动在苏中的老作家只寥寥几人，而且又负担着沉重的工作，有的老作家自己在努力上也很不够；加上新作家出现也不多，水平又不够高；所在环境又是严酷的斗争地区，没有大块根据地，所以没有产生更好的作品。即使像《太阳照在桑干河上》《李有才板话》和《晴天》等作品，也是没有的。但绝不是缺乏伟大的主题和素材。在这个时期以前，伟大的历史事件如新四军的挺进敌后，特别如空前伟大的苏中反"清乡"斗争，都没有从文艺作品中得到反映。《文综》上发表的文章，也还是小知识分子的气味比较浓厚，体现工农兵方向很不够，这都是很大的缺点。但应该肯定的是：在对于结合群众文艺活动这一点上，有很多同志重视群众文化的提高和群众对文艺鉴赏能力的提高超过自己对创作的兴趣，个人成名成家的思想是较少的；因而他们的工作是无名的，成绩也是无形的；可是成绩却很巨大。在这以后苏中人民斗争的日子里，也就是经历了自卫战争的胜利，这种文化和文艺运动的作用，也是有一定的(虽然不是主要的)贡献的。

也正因为在1946年组织起来的文艺队伍，都是参加实际斗争的干部，他们在陈、粟大军的运动范围内，经历了部队中的、地方上的、各种战线上的神圣的斗争，拥有无限丰富的、惊心动魄的、取之不尽、用之不竭的伟大素材；而这些伟大的素材应该得到恰当的反映。事实也说明了有好些作家是富于表现力的，他们能够写作，能够把它们反映出来。譬如新中国成立后的电影剧本《南征北战》和有些较好的中、长篇小说等，都是已写出一部分的例证。这些作家们（包括一些和未写的）还有大部分留在江苏、上海和原华东地区的各个岗位上，因此这种潜力还存在。现在，写作条件更好了，可写的题材也更多了，特别是队伍也更扩大了，大家应该写出更多更好的作品来，这不但是全国人民殷切的希望，也是所有新老作家们自己的责任。

（原载《雨花》1957年第3期）

目 录

东进序曲——音乐

1

光荣北伐武昌城下，血染着我们的姓名。
孤军奋斗罗霄山上，继承了先烈的殊勋。
……
八省健儿汇成一道抗日的铁流，
东进，东进！我们是铁的新四军！
……

1940年6月，新四军陈毅粟裕支队渡江东进，开辟苏中抗日民主根据地，《新四军军歌》在广袤的苏中平原迅速传唱。这首歌词凝练鲜明、旋律激昂壮越的军歌以陈毅诗词《十年》为初稿，由新四军军部集体讨论，陈毅根据讨论意见进行修改定稿，再经新四军战地服务团作曲家何士德谱曲，1939年6月发表于新四军《抗敌》杂志，署名为“集体创作，陈毅执笔”，作为正式的新四军军歌，从此在新四军全军及抗日民主根据地广泛传唱。

1937年“西安事变”之后，蒋介石被迫接受国共合作抗日主张，江南红军部队及赣南游击队改编为国民革命军新编第四军，叶挺任军长。蒋介石密令第三战区司令长官顾祝同以数万兵力围困新四军驻防之地，监视、限制新四军活动。1939年春，周恩来代表中共中央到云岭新四军军部，传达中共中央关于向敌后发展的指示，确定新四军的战略方针是向南巩固，向东作战，向北发展。《新四军军歌》就是在这种背景下创作的。1939年11月，新四军江南指挥部成立，陈毅任指挥，粟裕任副指挥。年底，江南指挥部挺进纵队从扬中渡江至江都沿江一带，苏皖支队分批进入扬州、仪征、天长地区；形成了足跨长江，向北发展的有利态势。1940年5月，八路军第五纵队由黄克诚率领南下，到达淮北地区。国民党江苏省政府主席韩德勤，企图阻止新四军、八路军开辟苏中、苏北抗日民主根据地，不顾李明扬、黄逸峰、韩国钧等人多次调停及新四军一再退让,先后发起郭村、营溪、姜堰等多次摩擦战斗，均以失败告终。7月上旬，粟裕率部渡江到达苏北塘头。下旬，改新四军江南指挥

迎接1940年（木刻） 莫朴

部为苏北指挥部，所属部队整编为三个纵队，继续挥师东进。

1940年10月3日至6日，新四军苏北指挥部三个纵队，在陈毅、粟裕指挥下，进行黄桥决战，歼灭进攻黄桥的韩德勤主力部队1.1万余人，第八十九军军长李守维溺毙，独立六旅旅长翁达自杀。黄桥决战的胜利，为开辟苏中、苏北抗日民主根据地奠定了基础。一首产生于决战炮火中的歌曲《黄桥烧饼歌》，使这次战斗的影响得以无限的扩大，直至新世纪的今天，仍余音未绝。

新四军苏北指挥部于8月初进驻黄桥之后,党、政、军、民各方面的工作立即开展起来，建立中共苏北区委员会、泰兴中心县委、黄桥军民联合办事处、通如靖泰临时行政委员会，在黄桥镇周边方圆几十里农村发动和组织农民群众，广泛开展减租减息运动，深受农民群众拥护；在镇区，发动工人、学生、教师、妇女，组织了各种形式的抗日协会，儿童组织了儿童团。东西不过5里长的黄桥镇参加各种抗日团体的居民有近7000人之多。决战前夕，他们从早到晚忙于支前准备和宣传活动，满怀斗争激情。在淅淅沥沥的秋雨之中，召开了近万人的战前动员大会。会场上人头攒动，群情激奋，人们高唱：“天上有个扫帚星，苏北有个韩德勤，手下白养几万兵，只会欺侮老百姓。多少鬼子不去打，反共摩擦是专家。封锁粮食发洋财，投降鬼子就是他。苏北人民要安宁，只有打倒韩德勤。团结抗战反摩擦，赶走鬼子享太平。”这首歌谣是苏北特委白帆（周伯藩）创作的，犀利有力地揭露了韩德勤的反动面目。为便于向群众宣传，歌词最初贴在米巷附近，很快就被群众传抄散发，不胫而走，传遍大街小巷。

1940年10月4日清晨，枪声震天，战斗正激烈之时，黄桥镇上所有烧饼店竟全部开门，连夜赶烤烧饼。德高望重、深明大义的朱履先老人亲到街上督促劳军工作，每至一家店铺前，都要说道：“要多做快做啊！”“慰劳部队啊！”此时的黄桥古镇，形成一道旷世奇观，一边是炮火纷飞、天崩地裂，一边却是满街烧饼飘香，一辆辆满载着刚出炉的黄桥烧饼的独轮小车从石板街上“嘎吱嘎吱”碾过，向激战中的东门送去。

据陈丕显回忆：当歼灭敌人各部的胜利消息一次又一次地传来，指挥部里一片欢腾！这时，指挥部隔壁院子里传来服务团同志们高亢欢快的歌声，那熟悉的嗓音，好像是作曲家章枚在教唱一首新歌，事后才知道，这就是李增援作词、章枚作曲的《黄桥烧饼歌》：

黄桥烧饼黄又黄，
黄黄烧饼慰劳忙，
烧饼要用热火烤，
军队要靠老百姓帮。
同志们呀吃个饱，
多打胜仗多缴枪。

黄桥烧饼长又长，
长长烧饼有分量。
烧饼一口吃不下，
鬼子一下打不光。
同志们呀别心急，
还要长期来抵抗。

黄桥烧饼圆又圆，
圆圆烧饼多好看。
烧饼掰开不好卖，
国共分裂更危险。
同志们呀团结牢，

反共就是“准汉奸”。

黄桥烧饼甜又甜，
甜甜烧饼好下咽。
烧饼好吃面难磨，
胜利当中有困难。
同志们呀努力干，
坚决抗战不投降。

黄桥烧饼香又香，
香香烧饼传四方。
烧饼有名人人买，
八路军到处美名扬。
身经百战英雄汉，
会师东台反“扫荡”。

黄桥烧饼千万千，
千万烧饼上火线。
保卫黄桥总动员，
苏北换了新局面。
同志们呀加油干，
一直打到东海边。

《黄桥烧饼歌》是一首民谣风格的歌曲，为分节歌形式，6段歌词通过赞美烧饼的色、形、香、味，表达了人民群众对子弟兵的深情厚谊与新四军东进纵队反对分裂、坚决抗战的决心，一层深似一层地揭示了新四军取得胜利的根源。音调具叙事性，婉转优美、山歌风格的旋律特别亲切、感人，充盈着胜利的喜悦。无论是从内容还是到形式，都达到了堪称高度完美、炉火纯青的程度。新四军代军长陈毅曾多次表扬。

《黄桥烧饼歌》此后唱遍了整个苏中、苏北抗日民主根据地。新中国成立后，《黄桥烧饼歌》被载入《抗日战争歌曲集》。

在黄桥决战之前，曾进行过姜堰战斗。新四军苏北指挥部王必成组织“勇敢队”，经过反复拼杀，歼敌1000余名。攻克姜堰后，军部服务团到攻城部队慰问。李增援听到“勇敢队”的事迹后，十分感动，立即找战士们了解情况，并且到战斗突破口现场观察，随之满怀激情地写下了《勇敢队》歌词，由章枚谱曲。此歌激昂优美，在根据地军民中广为传唱，指战员们百听不厌。新中国成立后，中央人民广播电台合唱队、南京军区前线歌舞团、新四军老战士合唱团都曾多次演唱这首歌曲。

2

新四军军部战地服务团1938年成立于泾县云岭，吸引了一大批优秀的文艺人才从上海等大城市投身抗日洪流，后随新四军苏北指挥部过江，参加黄桥决战。1941年1月，皖南事变之后，新四军在盐城重建军部，陈毅任代军长。粟裕任新四军一师师长、苏中军区司令员。部队进行整编后，撤销军部战地服务团，部分团员编入新四军一师服务团。新四军一师政治部主任钟期光兼任一师服务团团长，夏时任副团长。

1941年春夏之交，一师服务团司徒扬、沈西蒙先后去上海扩军，招来了不少知识分子，有些就充实到文艺队伍中来，使一师服务团的阵容比之军部服务团又有发展。据沈亚威回忆：特别是他任组长的音乐组，声乐队伍空前壮大，如女声中有熊然、张如、陈宜乐、鹿笃才、钱莉、顾征、姚纫磊、郑慧英、鲁映、叶志、王烟仁，男声中有刘子真、章致和、乐家隆、孙海云、陈永康、金祥伯、陈其胜、张蒙天、何焕光、谭志诚、朱祖培、吴培义、陈招贤、黎吟、水明，等等。加上原来的王婴、蒋若红、顾宝璋、秦烽、李树邦等十几位，站在台上合唱已经很像个样子了。虽然有许多团员并不是专业声乐演员，但合唱队四个声部都能配齐，像特大号男低音司徒扬，他那浑厚的声音，成了低声部的主要骨干。合唱队演唱曲目主要为抗战歌曲，如黄自的《旗正飘飘》、贺绿汀的《1942年序曲》等，特别是冼星海的《黄河大合唱》，更是一师服务团最受欢迎的保留曲目。服务团有时也演唱一些苏联歌曲，如《政治工作者之歌》《飞吧，再飞高》，尤其是那首《我们是熔铁匠》，叮叮咚咚唱起来，听起来都很带劲，振奋人心。嘹亮的歌声震响了苏中大地，扩大了新四军的影响，吸引了许多青年向往着这支打仗好、文化高的新型的人民军队。

一师（苏中军区）政治部除了师服务团之外，在其下属各旅（分区）也分别建有服务团，都拥有一批优秀的音乐人才，如一分区的梅滨、谷音、黄苇，三分区的吴福彤、陈大莹，二旅的郑勇，甚至在一些基层单位中也有突出的业余文艺骨干，如主力七团的陈庆良等，他们经常活跃在战斗的最前线。其中梅滨、黄苇、陈庆良还写过不少好歌，但由于敌后环境形成的分割状态，故只能各自独立作战。

新四军重建军部之后，成立延安鲁迅艺术学院华中分院，贺绿汀、何士德、孟波、章枚等一大批音乐家云集盐城，

战地服务团演唱歌曲

培养音乐人才。这一时期，他们自己也创作了许多新作，如贺绿汀的《1942年序曲》，何士德的《当兵把仇报》《秋收》，孟波的《我们是中华民族的好儿女》等优秀歌曲，都曾在苏中地区广为传唱。

为了更好地推动苏中抗日民主根据地歌咏运动，一师服务团出版了一份不定期刊物《前奏》，由沈亚威与涂克主编。涂克在一师政治部文艺科工作，专业是美术，但对音乐也很有造诣，曾写出不少好歌，如用亲切的苏中民歌素材写出的《吃菜要吃白菜心》《当心鬼子来抢粮》等，像他的风景画那样勾画出一幅生动的割麦插禾的图景，形象鲜明，朗朗上口，为苏中人民群众所喜爱。《前奏》每期刊载一些创作歌曲以及介绍一些外来的优秀的抗战歌曲，还选登了部分苏联歌曲。此外还刊登一些基本乐理知识，和怎样开展部队歌咏活动的文章。《前奏》完全用手工蜡纸刻写油印，字体虽细却很工整清晰，像机器印刷的一般。封面刻印着古今中外的音乐家肖像，如贝多芬、莫扎特、肖邦、柴可夫斯基、舒伯特，以及苏联的当代作曲家肖斯塔科维奇等和我国的聂耳、黄自等的头像。

《前奏》发至连队，地方各区则邮发至各重点学校。《前奏》共出版11期，历时三年，至1944年停刊。后期由梁世平主编。梁世平在一师服务团中，亦为重要艺术骨干，唱、演皆优，小歌剧《红鼻子参军》中的红鼻子一角就是由他首演的，很受观众欢迎。

残酷的斗争环境，使一师服务团许多优秀的文艺人才献出了宝贵生命。曾创作出《黄桥烧饼歌》《红鼻子参军》等优秀作品的李增援，因患肺结核住院治疗。1941年2月21日，野战医院从东台转移至大丰西团，途中突遭日军汽艇袭击，李增援为掩护战友而壮烈牺牲。从一师服务团调到二旅任宣传股长、文工团长的男低音司徒扬，于1945年从天目山随部队北撤渡江时，落水遇难。男高音何焕光，在合唱队声部中是个核心人物，他经常对战友进行声乐辅导，为人和蔼可亲，因此人人都愿接近他。他也作曲，沈西蒙写了一首浪漫歌词《江海谣》，何焕光为之谱了首独唱曲，旋律明媚新颖，很快就流传开来。后来在一次演出中，何焕光因汽灯爆炸而不幸牺牲。

3

在新四军一师服务团及各旅服务团的影响和推动下，苏中各分区的群众歌咏运动蓬勃开展起来。工、农、妇、学、商，各种抗日团体、协会，村镇业余剧团、俱乐部，中小学、冬学、识字班，苏中抗日民主根据地处处歌声飞扬。新版《如皋县志》记载："抗日战争和解放战争时期，兴起群众歌咏活动，并创作出一批革命流行歌曲。"刘昌年在其《如东革命战争时期战地文化的探讨》中记载："新四军东进初期，苴镇地区在群众中广为传唱的是《义勇军进行曲》《救亡进行曲》《大刀进行曲》《牺牲已在最后关头》《流亡三部曲》等。《国际歌》也在有一定文化层次的干部、党员和群众中传唱。大参军运动中，《好男要当兵》《当兵要当新四军》等歌曲唱遍乡镇各个角落。当日本鬼子疯狂进行所谓梳篦式扫荡，根据地面临大兵压境的困难形势下，《坚持苏中疆场》《真金不怕烈火烧》等歌曲又及时地表达了广大军民的斗争意志与克敌制胜的坚强决心。"李秉华、李健在《抗日烽火中歌声》中写道："新四军东进后，《三月新歌》十分流行，并逐步发展到'上到八十三，下到手里搀'人人都会唱。烽火越旺，唱的歌也越多，一般人会唱三至五首，多的能唱二三十首。歌词有鲜明的政治性、战斗性，通俗简短。"

如东苴镇为新四军三旅旅部驻地。陶勇司令员特别重视文艺宣传工作，因此苴镇地区的群众歌咏活动非常活跃。苴镇吼狮剧团、潮桥青年抗日救亡工作队、岔河大众剧艺社、邱升中学剧团、苴丰镇区沿堤小学歌咏队成为群众歌咏活动的主力军。这些歌咏队除演唱群众流行歌曲外，还能上演具有专业水准的大型曲目，如《黄河大合唱》中的《保卫黄河》等乐章，《海上行》《勇敢队》《石臼渔歌》等合唱歌曲，演唱《丈夫去当兵》《延安颂》《日落西山》《高粱熟了》等独唱歌曲，也能演唱《喀秋莎》《光荣的牺牲》等苏联歌曲。县警卫团文工团排演赖少其作词、何士德作曲的四声部合唱《渡长江》，四部轮唱下到村镇场头、阵地前线，演唱激动人心，让工农兵群众顿觉眼前一亮。

由栟茶镇蔡立锋发起，周俊一、吴亚雄、丁炳、沈东等一批青年教师组织的海风俱乐部，得到了区委的支持，为适应宣传和群众歌咏活动的需要，曾刊印过介绍歌曲的《海风歌选》6期，主要刊登适合群众演唱的歌曲。苏中、苏北地区许多著名的音乐家如沈亚威等都很支持这本小刊物，纷纷投稿。《海风歌选》也因为发表了他们的作品，大大提高了威信，从而深受各文化团体的欢迎，苏北各地纷纷来信索要刊物，经常供不应求。此外，海风俱乐部还出版过介绍新民歌的《小调集》，用旧瓶装新酒的办法，把民间流行的山歌、小调填上抗日救国和配合当时各项中心工作（如参军、缴公

互助拉犁（木刻）　严学优

粮、拥军优属等）的新词，先后出版10多期。这些用老百姓熟悉的民间小调重新填词的歌曲，尤受群众欢迎。如按照小调《月儿弯弯照九州》新创的歌曲《听说要来新四军》，巧妙选取长工们在工棚里低声议论，说东家近来态度忽然变了，还“关怀”他们，甚至准备给长工娶老婆。当然吃尽东家剥削苦头的长工们，是不理“黄鼠狼给鸡拜年”这一套的，最后道出个中原因，是“听说要来新四军”，而共产党领导的新四军是为穷苦老百姓做主的。歌曲唱道：

月牙弯弯往下沉，
长工屋内低语声：
东家近来变了样，
不再放嗓瞪眼睛。
吃饭叫我慢慢咽，
心慌就要惹毛病。
白天下田去锄草，
说是找顶草帽遮遮阴。
挑个担子堂前过，
他还叫我歇把劲。
问我今年二十几，
可曾压帖订个亲？
封建地主葛瓜心，
如今为何献殷勤？
月要沉来日要升，
万年黄河要变清，
开天辟地第一回，
听说要来新四军！

歌词采用老百姓家常口语，朴实无华，话虽不多，却寓意深刻，而又能打动人心，说出了老百姓平日深藏心底，盼望翻身，想说又不敢说的话。加上《月儿弯弯照九州》的曲调委婉动听，这首歌在农民群众中广为传唱。

1941年夏初，苏中区党委开始发动减租减息运动，得到农民群众热烈拥护，一首同样用民间小调重新填词创作的新歌迅速传唱开来：

天上浮云朗朗稀，
天下穷人穿破衣，
嘴眼鼻子一样的，
哪有穷人穷到底？
太阳出头满天红，
抗日力量出工农，
天下农民是一家，
不分什么你我他。
做衣引线要靠针，
黑夜走路要靠灯，
老百姓要靠共产党，
今后的日子大翻身。

在农民群众高昂的歌声中，“二五减租”的政策和意义家喻户晓，有力地推动了苏中区党委的抗日民主根据地建设工作。

苏中抗日民主根据地群众歌咏运动中利用江海平原丰富的山歌、小调素材重新填词的歌曲，当时为人民群众所喜爱的还有《做军鞋》，系套用民歌《点磨台》曲调：

妹在房中做军鞋呀，
心上的人呀，我的哥哥哎，
你在前方打顽固派。

千层底儿针儿密呀，
心上的人呀，我的哥哥哎，
行军的鞋底磨不坏。

新布浆子做鞋帮呀，
心上的人呀，我的哥哥哎，
冲锋陷阵跑得快。

早日打垮鬼子兵呀，
心上的人呀，我的哥哥哎，
骑马戴花回家来！

一分区群众传唱的《送郎参军》则是用流行于泰兴地区的牵驴花鼓曲调改编的，男女对唱、合唱，表演时可配以轻快欢愉的花鼓舞步：

我的个情哥哥，
我的个小妹子，
清早起来齐动身，
欢天喜地去参军，
夫妻双双赶路程。

我的个情哥哥，
我的个小妹子，
阿哥当的是新四军，
新四军抗日传英名，
新四军爱护咱老百姓。

我的个情哥哥，
我的个小妹子，
阿哥放枪你要放得准，
一枪一个鬼子兵，
新四军打仗仗仗胜！

我的个情哥哥，
我的个小妹子，
穷苦百姓要翻身，
胜利果实大家分，
共产党指引好前程！

群众歌咏运动在青少年学生中更为活跃。1940年12月，四分区组织中学生寒假社教服务团。据陈璞回忆，服务团的学习生活是从唱歌开始的，高团长首先教唱了一首章枚创作的《怒吼吧，长江》：

晴空衬着白帆，
渔网兜着江浪。
美好的扬子江静静流淌，
秋阳抚摸着两岸的山冈。
自从海外驶来了敌舰，
扬子江成了凄凉的战场，
两岸的民众被迫做奴隶，
从此看不见太阳。
但是，
中国人民从来不屈服，
为生存自由，
坚决地反抗。

鲜血汇成了巨流，
江水映着血的红光。
革命的热力沸腾了江水，
革命的热血激成了巨浪。
看哪，那血水卷去了千万个敌尸，
高潮淹没了江心的敌舰。
你醒来了，长江，
发挥你那伟大的力量。
听，那奔腾澎湃的声音，
正是四万万人民怒吼着要求解放。
看哪，崇明岛塞不住长江的水，
逆流阻不住革命的骇浪！
炸弹只能扬起几朵浪花，
革命的长江，总要流向远方。
怒吼吧，长江！——

这首歌，凝聚着革命者对祖国命运的关注、对革命战争的颂扬与抗战必胜的信心，拨动着抗日青年火热的心。在服务团，青年学生们纵情歌唱，歌声嘹亮，此起彼伏。每次会议总是以歌的挑战开始，每顿饭前总要站队唱歌再开饭。歌，成为了中学生寒假社教服务团宣传活动的一支号角，《冲过封锁线》《父子岭上》《繁昌之战》《新四军万岁》《怒吼吧，黄河》《延安颂》等歌曲，成为抗日宣传最好的节目。

当时在苏中抗日民主根据地群众中广泛流行的歌曲还有《我们高声歌颂中国共产党》《你是灯塔》《你是鲜花，你是太阳》《新四军，向你敬礼》《军民合作一条心》以及民歌《缝衣歌》《寄母亲》《月儿渐渐高》等，苏中大地上处处歌声如潮。在战斗的歌声中，苏中军民粉碎了敌伪一次又一次的“清乡”扫荡，夺取了苏中抗战的辉煌胜利，创建和巩固了苏中解放区。

4

新四军一师服务团，继承着军服务团的优秀传统，又结合着火热的斗争实际，在苏中这块美丽富饶的土地上创造着、传播着反映新的斗争的音乐文化。一大批优秀作品在团员们的笔下产生。

1940年11月，青年干部训练班在海安结束，在青干班兼任音乐教员的沈亚威从海安向盐城走去，接受新的任务。深秋的阳光分外明亮，照得浑身暖洋洋的。忽然他被远处转动着的白色风车所吸引，一架，又一架，左右转动的，上下转动的，各有各的风姿。透过高粱地那红了的穗叶，远望串场河两岸随风转动的风车，像是一盏盏巨大的走马灯，真是美极了。两天后，沈亚威到达盐城，见到了司徒扬，立即就把一路上看到风车的一些感想告诉了他，希望他写首歌词。司徒扬答应后不久，就把歌词交给了沈亚威。于是，一些歌谣体的旋律，就在沈亚威的想象中旋转起来。

春风呀吹来呀暖又暖哎，
风车呀团团转——

一首《四季风车歌》就此诞生了，并且很快流传开来。由于《四季风车歌》获得好评，促使沈亚威和音乐的不解之缘又更进了一步。

1941年元旦前夕，正是新四军与八路军会师之后，华中抗日民主根据地大发展时期。为了迎接这个胜利的新年，刚随新四军、八路军华中总指挥部来到盐城的军部战地服务团积极筹备元旦晚会。因为盐城民间风俗有新年挂红灯的习惯，服务团戏剧股主任李增援就和司徒扬共同商量，两人合作写了一首《大红灯》的歌词，共5段。中间有代表工农商学兵、妇女、儿童等各种人物的领唱和合唱，犹如清唱剧那样。接到歌词后，一清早，沈亚威便爬上盐城那不太高的古城墙，望着冉冉升起的太阳，仿佛看到了一群女声正在向他走来，从苦难的深渊中向他走来，脸上充满着希望和喜悦。于是，旋律就自然地像晨雾般在他面前悠悠地、缓缓地铺开、涌起：

太阳出来遍地银，
过了寒冬又是春——

1941年元旦晚会上，《大红灯》首演。照明的汽灯被遮

欢送参军（木刻）　亚明

住，开幕时整个站在平台上的歌队，人手一盏红灯笼，远远望去，舞台上层层叠叠，宛如一座灯塔。灯光闪闪，歌声嘹亮，表演精湛，台上台下，交融一片，立即形成了热气腾腾、喜气洋洋的氛围，抗日民主根据地军民的爱国激情被推向了高潮。演出极其成功，歌曲也受到称赞。成功再次鼓舞了沈亚威，就这样，除了指挥外，作曲也成了他的终身爱好，新中国成立后，沈亚威成为一位著名的军旅音乐家。

1941年2月初，新四军部队整编。新四军一师接受了军服务团的主要演出队伍，沈亚威与战友们从盐城开往苏中东台县境海滨地区。

沈亚威在回忆文章中充满激情地写道："黄海边的天空辽阔而明媚，一片盐碱地上长着稀疏的蒿草，远望去，层层翠绿。人从草丛中穿行，惊飞起几只斑鸠。几枝树丫像张开着欢迎的双臂，也像合唱指挥者美妙的姿态，指挥着云飞凤舞的自然景象。我们，一群年轻的文艺兵（如今是新四军一师战地服务团了），走在前面的，仍然是小三子陈祥林，他和游龙两个人，背着一只小马枪，洋洋洒洒确有那么一点先遣队员的架势。队伍越过草丛小路，正走进黄海边那个有名的渔村——弶港。临街的码头下面，是一望无际的大海，几条渔船停泊在那里，像列队的士兵，正等待去远征的命令。在沙滩上，俯卧着几条待修的渔船，渔民们有的在绞缆绳，有的在搬运下海物资，一阵阵号子声，此起彼伏，我赶紧用笔记了下来：'哎依吆，哎依吆——'。"

司徒扬也来到了海边，这次沈亚威没有约他写什么，可是一回到旧场驻地（角斜镇东边的一座小道观）的第二天，他就把一首题为《黄海渔民曲》的歌词交给了沈亚威。歌词写得很优美，也很有豪情。沈亚威拿着纸和笔来到田头，只见遍野麦浪在春风中似海潮般起伏翻滚，使他联想起那忙碌的海滩，那嘹亮的号子声，那劳动者的手臂，以及即将远航去搏斗的情景，乐思也就跟着这些联想在纸上飞驰，他把那纯朴的劳动号子的音形变得悠长而开阔：

潮汛哟，来了呀，
船儿呀，起来吧，
艄公呀嗨依哟，嗨依哟呵，嗨依哟，
打起唿哨，
三月的风呀，嗨依哟呵，嗨依哟，
吹向那深海中。

大约一天多时间，这首反映我海防军民战风浪、斗强暴，坚持渔业生产的抒情歌曲就完成了创作。经一师服务团首唱，很快，《黄海渔民曲》便成了苏中抗日民主根据地青年中广泛流传的歌曲。

令词曲作者都没有想到的是，这首《黄海渔民曲》后来

新四军女兵（速写）　唐和

不知怎么竟然流传到了沦陷区的上海，在复旦大学内传唱开来，在敌伪统治下，人们像欢迎一个带来春天信息的秘密使者那样来欢迎它。

新四军一师服务团的音乐家们坚持为部队的战斗生活写歌，为抗日民主根据地的建设写歌。1941年12月初，日伪军集中4000余兵力，从南、北两线同时出动，合围新四军一师及苏中军区司令部驻地如皋丰利地区和东台三仓地区。新四军一师兼苏中军区集中10个团，在纵横数百里的地区内，全面展开反“扫荡”作战。8日晨，日伪军到达管家庄桥。四分区特务营在丰利区山市乡游击队配合下，与日伪军周旋到午后，将日伪军引入八团设下的伏击圈。日伪军遭到八团的突然袭击后，慌忙龟缩到双灰山构筑工事，负隅顽抗。晚7时，新四军主力部队在人民群众的支援下，向双灰山发起总攻，激战3小时，击毙日军分队长以下30余人，伪团长以下300余人，生俘日军分队长羽田和上等兵松野觉，伪军197

战士们在欢笑

名，缴获重机枪6挺，轻机枪25挺，步枪400余支。双灰山战斗是新四军东进启海地区之后与日伪军打的第一个大仗，受到陈毅军长的嘉奖。战斗结束后的第三天，一个寒冷的早晨，一首石林作词、沈亚威作曲的《双灰山战斗》就诞生了。12月10日，新四军一师师部在丰利镇都天庙举行祝捷大会，粟裕师长在会上号召全体苏中军民再接再厉，歼灭更多的日伪军，争取抗日战争的伟大胜利。会上，一师服务团合唱队高歌一曲激昂壮越的《双灰山战斗》，将会场气氛推向高潮，极大地鼓舞了与会军民的昂扬斗志与雄壮军威。

三阳镇战斗之后，沈西蒙作词、沈亚威作曲的《打个胜仗哈哈哈》，因其歌词诙谐幽默，曲调明朗欢快，深受部队官兵喜爱，并且成为新四军一师战地服务团每演必唱的保留曲目。这首歌曲曾经广泛流传于华东野战军等各部队，从抗日战争一直唱到解放战争胜利结束。

打个胜仗哈哈哈，
庄稼佬儿笑掉了两根牙，
昨朝一仗打得真漂亮，
呵呵呵呵嗨嗨嗨嗨哈哈哈哈哈，
这儿打一仗，那儿打一仗，
到处展开游击战，
到处都打漂亮仗！

全曲共分四段，由两部分组成。第一部分是一个8小节的完整乐段，4个短句紧密衔接，给人一种英武洒脱、欢欣鼓舞、胜利凯旋的音乐形象。第二部分是副歌，音乐素材来自第一部分，并与之相呼应，构成一个完整的二部曲式结构。旋律具有爽朗、热情、乐观的鲜明音乐性格，其中模仿军号和笑声的音调与节奏，更显得明快、生动。歌曲结构虽小，但音乐形象集中，特色鲜明，散发出浓郁的战斗生活气息，充分表现出抗战时期军民胜利之后的那种情不自禁的喜悦心情，洋溢着革命的乐观主义精神。20世纪70年代，著名军旅歌唱家李双江重新演唱了这首诞生于抗日烽火中的歌曲，使这首歌曲家喻户晓。

沈西蒙词、沈亚威曲的《坚持苏中疆场》，孙海云词、沈亚威曲的《刺枪歌》，部队战士也很爱唱。林圣伟词、沈亚威曲的《青年队长朱总司令》也深受部队官兵欢迎。著名的七君子之一邹韬奋先生从上海来苏北根据地，在欢迎会上听到这首歌后很感兴趣，赞扬这首歌写出了朱总司令生龙活虎的性格。

涂克词曲的《吃菜要吃白菜心》，因其歌词比兴民歌体，曲调是对民间小调素材的运用，使苏中老百姓唱起来听起来感到很亲切，因此广为流传，几乎妇孺皆会：

吃菜要吃白菜心，
当兵要当新四军，
打仗总是打胜仗，
从来不欺老百姓。
老百姓，
人人喜爱新四军。

浅显明白如家长里短大白话的几句歌词，准确鲜明地提炼概括了人民子弟兵——新四军的主要特点，深深打动人心。这是新四军一师文艺战士们对革命歌曲创作的一次成功探索与实践。

5

1945年8月,抗日战争胜利。经过五年的浴血奋战,除扬州、泰州、南通等城市外,苏中解放区已连成一片,在国共两党重庆谈判前后,呈现出难得的和平景象,土地改革运动在江海农村开始试点推行,劳苦群众欢欣鼓舞,热切盼望着美好生活的早日到来。在苏皖边区政府华中文艺协会一分区分会主办的文艺杂志《文综》创刊号上,发表了一组歌词,如施羽《别处哪儿有》《纺纱织布》,丘晓《迎1946年》《乡下人上街》等,这些歌词经作曲家谱曲后,立即传唱于整个苏中解放区。

施羽,即史白,南通市人,是一位集美术、戏剧、音乐、文学等多种艺术才能于一身的革命文艺奇才。1940年,史白任四分区政治部文教科长兼分区参议,参加组建四分区战地服务团(尖兵剧团)。服务团由政治部主任陈同生兼任团长,史白兼任副团长。在陈同生、史白领导下,四分区战地服务团在抗战宣传工作中取得很大成绩。特别是史白创作、服务团演出的戏剧受到四分区军民的热烈欢迎,形成很大影响。由于史白在抗战宣传中的突出表现,四地委宣传部长洪泽通知史白前往盐城,出席新四军军部召开的"苏北文化协会第一次代表大会"。大会结束后,史白还受到新四军政委刘少奇同志的接见。史白向刘少奇同志汇报了苏中文化工作情况,并聆听了刘少奇同志的指示。

在出席了"苏北文化协会第一次代表大会"之后,史白的创作热情更加高涨。1942年前后,他创作了大量歌词歌曲：史白作词、沈亚威谱曲的《纺纱织布》《金牛谣》；史白作词、涂克谱曲的《当心鬼子来抢粮》；史白作词谱曲的《抗敌学校校歌》《薄粥喝喝》《割麦插禾》等。此外，史白还创作了歌剧《吴满有》、小歌剧《打走了鬼子才有米下锅》。南通县中学生组成的通西服务团排演了史白新作《打走了鬼子才有米下锅》，这出小歌剧有独唱、合唱、轮唱、表演唱等多种演唱形式，歌与剧融合在一起，演出效果很好。每次演出结束时，台下鼓掌声、口号声阵阵不绝。人们高呼："打倒日本帝国主义！"台上重复高唱："打走了鬼子才有米下锅！"台上台下情感交融，演员、歌队、观众都融合在"打鬼子"的共同呼声中，歌剧起到了动员群众、武装保卫家乡的生动效果。

1944年，组织安排史白进入南通城，利用原有社会关系，担负起敌占区与根据地的地下联络工作。1945年，抗战胜利后，地委通知史白撤回根据地。途经金沙等地时，史白看到解放区船来车往，人民群众安居乐业，商旅舟楫，一派

为群众包扎伤口（木刻）　屠炜克

繁荣昌盛景象，与苛捐杂税肆虐、百业凋敝的敌占区有着天壤之别，他心潮激荡，立即写下了歌词《别处哪儿有》：

千条船，
万条船，
千条万条往来像梭穿。
布朝北，
米朝南，
朝南朝北只报一道捐。
除了解放区，
别处哪儿有？
哪儿有？

《别处哪儿有》在《文综》创刊号发表后，沈亚威看到这首歌词短小简洁、轻松活泼，读着歌词，眼前就展现出一幅和平幸福的画面：在朝阳的映照下，波光粼粼的河面上，喜气洋洋的解放区人民群众，撑驶着千条万条满载布匹、粮食的小船，南来北往，穿梭不停。顿时，一段悠扬、轻快的旋律从胸中涌出，他以极快的速度谱写了这首充分表现解放区人民群众翻身得解放喜悦心情的歌曲。这首歌同样以极快的速度不胫而走，在解放区内外广为流传，并且吸引了许多国统区青年投奔解放区。

1946年7月，正在东台街头宣传演出的史白，因染霍乱病故，年仅38岁。一地委机关报《江海导报》对史白的艺术成就给以很高评价，称史白“毕生的艺术活动是和他艰苦的革命活动、民族革命战争和中国人民解放斗争紧紧联系在一起的”。

与《别处哪儿有》可谓异曲同工的另一首歌词，同时发表于《文综》创刊号的《乡下人上街》，也深受解放区人民群众喜爱，特别是缺少文化的农民，更喜欢这首歌词浅显易懂，近乎老百姓家常土话的歌曲。丘晓作词：

左一担，
右一担，
支格支格又一担；
大担儿挑，
小车儿推，
金黄的肥料运城外。

左一担，
右一担，
支格支格又一担；
鲜活的鱼，
嫩绿的菜，
夹着柴担儿进城来。

艰苦的岁月（速写） 芦芒

老百姓把个细篮儿扛，
个个都说好买卖呀好买卖！
不是“四老爹”来，
乡下人哪里敢上街？
乡下人哪里敢上街？

“四老爹”是苏中解放区人民对新四军的爱称，表现出人民群众对新四军亲如家人的特殊感情，这首歌曲在最后一句点题歌词上反复咏唱，彰显了解放区人民群众与党所领导的人民军队之间的血肉关系与深情厚谊。

服务团的小鬼

6

1946年6月，蒋介石单方撕毁和平协定，发动内战，向解放区大举进攻。7月初，国民党军第一绥靖区司令长官顾祝同（后由李默庵接任）指挥5个整编师15个旅共12万兵力，在南通至泰州一线向苏中解放区进犯。华中野战军奋起迎战，在粟裕司令员指挥下，集中主力第一师、第六师，第七纵队、第十纵队，共19个团3.3万人，先机制敌，自卫反击，于7月13日发起苏中战役，首战宣、泰，再战如南，三战海安，四战李堡，五战丁、林，六战邵伯，七战如、黄，七仗皆胜，共歼敌5.6万余人，史称“七战七捷”。苏中自卫反击战争的辉煌胜利，粉碎了国民党军吹嘘的美式军械装备不可战胜的神话，为中国人民解放战争探索和积累了宝贵的战斗经验，极大地鼓舞了解放区人民群众的斗争信心，为新中国的建立奠定了第一块坚实的基石，成为人民解放战争胜利的起点。

苏中战役间隙，部队休整期间，一批新创作的歌曲在军民中传唱，如姜旭词、黄月凉曲《坚持苏中》：

我们是苏中人民的子弟兵，
坚守在自卫的最前线。
我们经过了战火的洗礼，鲜血的考验，
艰苦的斗争中生长壮大，
不让反动派的魔爪
夺去我们自由幸福的家园。

我们是苏中人民的子弟兵，
坚守苏中，坚守苏中，
坚守在自卫的最前线。

江平词、慕寅曲《歌苏中》：

苏中，
你是自卫战争的前哨，
是苏皖边区的屏障。
无数的人民军队
在你的怀抱中生长壮大，
千百次恶战，锻炼得像
一支钢铁的拳头，
捶烂蒋介石罪恶的魔手，
来建立自由幸福的新中国。
啊，歌唱吧，
歌唱人民的苏中，
你是自卫战争的前哨，
是苏皖边区的屏障。

直接颂扬苏中“七战七捷”胜利奇迹的歌曲有季遐年词、张效平曲的《苏中自卫战十唱》。歌曲以10段歌词回顾了苏中战役7次战斗全过程，最后主题仍落在“坚持苏中”这一苏中父老乡亲、人民群众普遍的愿望上。

苏中“七战七捷”，显示了华中野战军粟裕司令员高超的军事指挥艺术与才能，苏中人民群众中很快流传起一句话：“毛主席当家家家旺，粟司令打仗仗仗胜！”汪大年敏锐地将人民群众对粟裕司令员的评语写入歌词，创作出《歌颂粟司令》，由张锐谱曲之后，迅即在苏中军民中传唱开来，成为自卫战争期间最受苏中军民喜爱的歌曲之一。

毛泽东当家家家旺，
粟司令打仗仗仗胜！
三年反"围剿"，
八年反"清乡"，
七战七捷美名扬。

你，
东打西击神妙莫测，
果断坚决机动灵活。
打垮了日本鬼，
歼灭了反动派。
你是百战百胜的将军，
毛泽东的好学生，
人民的大功臣，
跟着你就胜利。

毛泽东当家家家旺，
粟司令打仗仗仗胜！
三年反"围剿"，
八年反"清乡"，
七战七捷美名扬。

苏中战役中华中野战军首创了许多战斗工作经验，其中推行到中国人民解放军全军的除"集中优势兵力，各个歼灭敌人"等战略战术外，还有"立功运动"等政治工作方法。战役第四战李堡战斗结束后，一旅二团七连一名刚经过三仓河休整期间教育转化的"解放战士"，在战斗中表现突出，一人就缴了4支步枪，他把枪背到指导员面前，说："这次战斗我缴了4支枪，你给我记下来。"指导员立即表扬："好！有功！"随即就把他的事迹记在本子上。此时基层指战员之间极简单的一句话，战后总结时却出乎意外地受到了战士们的热忱欢迎，于是连长、指导员便向全连号召"好同志到战场上去立功，有功的就记到本子上。"很快，团政委、政治部主任发现了这一政治工作典型，立即帮助七连总结记功经验，改"记功本"为"功劳簿"，向第二团全团推广，随之引起一旅张震东旅长、卢胜政委、张日清主任高度重视，又向全旅推广。不久，一场"立功运动"如狮子滚雪球般在华中野战军各纵队轰轰烈烈开展起来，极大地鼓舞了全军士气。

赖少其根据二团经验创作了明白如话、朗朗上口、易学易记的《功劳运动歌》：

功劳运动怎样搞？
二团同志搞呀搞得好。
行军作战有功劳，
没有大功呀有小功，
没有功劳有苦劳，
人人有功劳，打仗包打好，
打得那反动派逃不了，
革命成功能提早。

功劳功劳多呀多荣耀，
功劳功劳多么荣耀。
记下、记下功劳簿，
功劳还要跟着人儿跑。
功劳寄呀寄回家中去，
荣宗耀祖人人称道。

参加革命有呀有功劳，
要为人民多立功劳。

（副歌）
挖工事有功劳，
支援好有功劳，
爱百姓有功劳，
多抓俘虏多缴枪有功劳。
同志们到战场上，
到战场上去争功劳。

沈亚威随即为歌词谱曲，曲调热烈昂扬，充满战斗激情，成为华中野战军唱得最响亮的队列歌曲之一。随着解放战争的不断发展与胜利，一旅二团首创的“记功嘉奖”形式，从华中野战军向中国人民解放军全军推行，并发挥了巨大作用。《功劳运动歌》也随之唱遍了中国人民解放军四大野战军全国各地主要战场，在歌声中迎来了新中国的成立。

1947年6月，苏中韬奋书店出版《自卫战歌》第一辑，收集自卫战争以来一年间苏中战区创作的战斗歌曲45首，成为一份珍贵的革命文化史料。

《自卫战歌》第一辑

征途鼓角——戏剧

7

戏剧艺术以其直观的现场表演，曲折动人的剧情，以及优美的唱腔，深受观众喜爱。苏中地区群众传统欣赏戏剧剧种主要为京剧，“下河班”等京剧戏班曾在此地盛极一时。“五四”新文化运动之后，话剧、歌舞剧等新剧种逐渐从上海等城市传入江北。20世纪30年代初，赵丹、顾民元、顾而已、朱今明、钱千里、吴天石等通城青年组织“小小剧社”、“新民剧社”，上演话剧《乱钟》《除夕》《南归》《苏州夜话》等，培养了一批话剧编、导、演人才，为抗战爆发之后的战地宣传演出活动奠定了厚实基础。

1939年，如皋马塘镇驻扎着一支矢志抗日的青年队伍——“抗战支队”政治处政工队。这支队伍虽然属于国民党系统，但真正的核心领导却是中共江苏省委派到江北敌后开展斗争工作的“江北特委”，陈伟达、吴佐成、洪泽、郭守信等中共地下党员在政治处、政工队充分发挥了党的领导作用。而政治处主任梁灵光则是从马来西亚归国赴难的革命青年。因此，“抗战支队”政治处政工队容纳了大批进步青年与进步文化

练兵（木刻） 黎鲁

人士。

演出抗日救亡宣传戏剧，是政工队主要工作任务之一。编剧、导演是宣传干事史白。1939年初，政工队利用春节期间，从马塘到掘港，到苴镇、丰利等大集镇，进行了为期一个月的巡回公演。演出剧目为史白编剧的五幕话剧《游击队的生长》。此剧根据当时历史背景以及动员群众抗日救亡的时代要求进行创作。日军占领城镇后，需要收罗民族败类当汉奸，为其“以战养战”抽捐、抢粮、抓丁，镇压反抗及巩固占领服务；而人民群众痛恨日伪汉奸，为保卫自身的生存，奋起进行反抗以致武装斗争。剧情梗概是：日军小头目收买了一个鸦片烟鬼，经过策划，烟鬼带领鬼子兵威逼徐二先生当维持会长，并且当场威逼徐二先生打死了“竟敢反抗日本人”的亲生女儿；徐二先生走上汉奸道路，为日本鬼子抓丁、逼捐、破坏抗日，干尽坏事，遭到群众痛恨；以曹老爹一家为代表的抗日群众，设计毒死徐二先生，惩奸除害；群众开始组织游击队，走上武装自卫的道路。曹老爹一家，包括他的13岁的孙子“小兔子”都参加了游击队，他们与伪军里不愿当亡国奴的士兵联系上，窃取到日军情报，偷到军火弹药，支持游击队。游击队伏击日本鬼子取得胜利，小兔子却在战斗中负伤牺牲。群众痛惜小兔子，决心要为小兔子报仇，更多的人参加了游击队，抗日力量不断壮大。

据顾斌回忆，这次《游击队的生长》巡回公演，由政工队一队队长姜辛耘与顾尔钥带队，史白负责编导、组织演出，全政工队人人投入，从借道具到前后台管理，化妆、报幕，以及充当群众演员，忙得热火朝天。主要角色扮演者：徐二先生由顾尔钥扮演，曹老爹由史白扮演，徐二先生女儿和小兔子由顾斌扮演，曹老爹的儿女由沈馥（林晴）、郑若夫扮演，送情报弹药的伪军士兵由何依扮演，日军小头目由王质夫扮演，鸦片烟鬼由刘紫萍扮演，鬼子兵由孙志钧扮演。各个角色都演得极为生动，徐二先生的堕落、日寇的凶残、鸦片烟鬼的猥琐、小兔子的英勇活泼，特别是曹老爹又要抗日、又心疼小孙子，史白的表演把观众的情绪完全调动起来，台上台下感情交融连成一片，催人泪下。

全剧的高潮，即为史白表演的一段情感戏。当游击队伏击日军胜利归来时，小兔子却身负重伤躺在担架上被抬回来。曹老爹闻讯赶来探望小孙子，他心疼地塞块脆饼儿到孙子手里：“乖乖，吃吧……”小兔子奄奄一息地告诉爷爷：“我们打胜了……”话未说完，他的手臂垂下了，脆饼儿掉落在地上。曹老爹颤抖着扑向孙子撕心裂肺地呼唤：“我的小……兔……子啊！”此时，观众泪流满面！女人们哭出声来，早已分不清台上台下、雨水泪水！会场沸腾了，群众高呼：“为小兔子报仇！”“打倒日本帝国主义！”

巡回演出轰动了五镇四乡，一些地方连演数场仍盛况不减，演出到哪里，哪里就沸腾起来，群众的抗日情绪被充分

青年踊跃参军（木刻）　严学优

地激发出来，许多热血青年找到政工队，要求参加抗日救亡运动，他们中有不少人后来都走上了革命道路。

史白还编导了活报剧《两瓶枣儿红》，通过小木匠拎着两瓶马塘名酒枣儿红端午节给师傅送礼，途遇国民党税务员连这两瓶酒都要征税的真实事件，深刻揭露了国民党不积极抗日，只顾搜刮苛捐杂税、鱼肉人民的反动本质。演出引起了人民群众的强烈共鸣，当天中午，全马塘镇的商店都打了烊，爆发了马塘镇有史以来的第一次罢市。

1939年秋，政工队的抗日宣传演出活动引起国民党注意，江苏省主席韩德勤命令清查“抗战支队”中的“赤色分子”，政工队地下党组织收缩转移，干部以学校教员等身份分散隐蔽。1940年10月，新四军东进，原“抗支”政工队部分成员参加苏中军区第四军分区政治部宣传工作。史白任苏中四分区政治部宣教科科长兼苏中四分区政治部战地服务团副团长。

8

苏中四分区政治部战地服务团团长由政治部主任陈同生兼任。服务团刚建立时，分为两个队：演出队与民运队。1941年初，民运队划出服务团建制。演出队重组为戏剧组、歌咏组、写作组以及绘画组。服务团的任务，主要是以话剧、歌咏等文艺形式对部队、群众进行抗日宣传。虽然组织形式上分为四个组，但实际上人员并没有划分，主要力量都集中于话剧和歌咏演出。

四分区服务团戏剧演出的主要特色之一，是演出剧目基本上都是本团原创，即副团长史白编剧的独幕话剧。史白善于根据当时当地斗争形势的需要，快速创作出新剧，然后分别由他或队长杨明导演，日夜赶排，边排边改，很快公演。因此，四分区服务团演出的剧目总是新的，且最能切合现实斗争情况。先后创作演出的剧目有：《雪》《血》《枪》《供》《米》《捐》《盐》等。

四分区服务团戏剧演出的另一特色是，根据观众对象的不同而灵活运用方言演出。在给部队演出时，台词用“国语”，即新中国成立后推行之普通话。在乡镇巡回演出时则改用当地方言。如在北兴桥、三余镇，因当地海门人较多，台词就用海门话；在包场镇、吕四镇，则改用通东话。因此演出很受观众喜爱，演出效果很好。

除编演配合斗争形势，短、平、快的独幕话剧外，四分区服务团也演出大型剧目，驻军掘港镇期间，曾上演《流寇队长》《祖国万岁》等多幕话剧。为了提高演出水平，陈同生主任曾两次派遣主要演员去新四军一师服务团学习，接受专业表演训练。

四分区服务团成员多数是来自南通、如皋等地区的青年学生，也有一部分来自上海投奔苏中抗日民主根据地的知识青年，大多年龄在十八九岁。全团人员最多时达50余人。据徐刻回忆：服务团这些朝气蓬勃的年轻人，在艰难困苦的情况下，积极热情，吃苦耐劳而无怨言。在下部队活动和巡回演出时，每人除自己的背包外，还要带一块幕布、一把雨伞，以及一些小道具等，负重15公斤左右。白天演出，晚上行军，每天要走几十里路。每到一地，要借门板、搭戏台、借道具服装、出海报、挂幕布、学方言，等等。演出结束后，还要将道具服装等一一送还原主，晚上再向下一演出地点出发。1941年春，当服务团沿余东、包场、吕四镇一线巡回演出时，正碰上日军“春季扫荡”，敌人沿着公路行军。服务团就分散隐蔽在附近

夜行军（木刻）　高斯

不远处农家的柴房内，等敌人过去，再继续前进。服务团所到之处，受到当地领导与人民群众的热烈欢迎。到达南通县北兴桥时，县长梁灵光亲自出席欢迎晚会；到达如皋县马塘时，县警卫团团长、政治处主任专程前来看望慰问。团员们深受鼓舞，在艰苦紧张的情况下，仍能始终保持着高涨的热情。

1941年7月间，上海地下党组织又向苏中根据地输送了一批青年学生，四分区夏令营也来了一批人，服务团一下增加了近20人，决定再建立一个演出队，以新来的这批同志为基础建立的演出队称一队，由从新四军一师服务团调来的游龙任队长，三旅服务团调来的薛英任政治指导员；原来的演出队改称二队，杨明任队长，陈慧任政治指导员。

四分区服务团一段时期下乡演出时曾称“尖兵剧团”，此为史白建议，陈同生批准。

1941年秋，日军开始了“大扫荡”，为了适应新的斗争环境，四分区服务团一部分人员被分配到连队工作，多数就地分散做民运工作，结束了四分区服务团的战斗任务。

曾任四分区服务团写作组组长的徐刻在回忆文章中深情写道：“当我们回顾四分区服务团往事的时候，我们深深怀念陈同生主任，他对服务团的建立与建设，既严格要求，又热情扶持，处处倾注着他的亲切关怀。我们也深深怀念着史白同志，他身患肺病，坚持与我们一道行军去吕四巡回演出，往返三四百里，他夜以继日为服务团编写、导演了许多剧目。由于过度劳累，终于在抗战期间被病魔夺去生命，当时，他只有三十多岁。我们还深深怀念与我们并肩战斗的战友邵廉、韩立、陈雷等同志，他们在抗战期间牺牲在我们共同战斗的土地上，这是我们永远不能忘怀的。”

9

1942年苏中四分区的斗争形势日趋紧张，抗日战争进入艰苦阶段。分区主力新四军一师三旅和县团、区队、民兵游击队配合作战，寻找战机，伏击前来“扫荡”的日伪军，并相继在如皋、海安、东南等地区向日军据点主动发起进攻，消耗敌人有生力量，不时传来的胜利喜讯振奋了人民群众坚持抗战的精神。四地委和四分区政治部为了进一步鼓舞士气，动员群众，加强根据地建设，决定第二次组建四分区服务团。

新的苏中四分区服务团是以华中鲁迅艺术学院的八位同志为骨干，吸收当地和沦陷区来的青年组建起来的，石流任团长，李奇野任政治指导员。1942年5月，根据斗争形势需

车桥之战（木炭画）　赵坚

要，四分区服务团和新四军一师三旅服务团合并，定名为三旅服务团。石流任团长，杜茵任政治指导员，吴瑛任支部书记。设戏剧、音乐、美术、文学组和少儿队。李露平、柳爽、赵衡、丘晓、左林任各组负责人。

由于两个团的合并，三旅服务团阵容空前壮大，用戏剧、音乐、美术等文艺形式密切配合斗争形势，为武装斗争、根据地建设服务。服务团跟随部队行动，参加部队战斗，在火线进行宣传演出，成为名符其实的战地服务团。戏剧组演出的剧目有《陈家兄弟》《三江好》《运河边上》等。

1942年7月间，四分区行动队袭击东南县（启东）吕四镇的日军据点，击毙了吕四镇维持会长汉奸成纯一。三旅服务团随即采访了四地委社会部长陈伟达和其他参战的同志，搜集了成纯一为虎作伥推行伪化、欺压群众的罪行材料，以这次战斗的经过为素材，在行军间隙中，编写了反映锄奸斗争的三幕话剧《维持维持》，由石流导演，迅速排练起来。

三幕话剧《维持维持》首次演出是在南坎苏中区党委召开第三次扩大会议（总结半年来工作），同时庆祝新四军成立五周年的大会上。大会由苏中区党委书记、新四军一师师长兼政委粟裕主持，新四军一师政委谭震林作当前形势与任务的报告。三旅服务团与一师服务团同时为大会组织演出。一师服务团演出曹禺四幕话剧《雷雨》。三旅服务团则演出自创的，主题为打击日伪汉奸气焰，动员群众起来锄奸的三幕话剧《维持维持》。两台高水平的演出均得到与会军、地干部的高度赞扬，前者是一次难得的战火中的高雅艺术享受，后者则是现实斗争的及时反映，参加大会的千余军、地干部受到很大鼓舞。三旅服务团自编自导大型剧目《维持维持》首演告捷。不久，如皋县参政会在长沙傅家园成立，庆祝大会上，三旅服务团再次演出《维持维持》。

三幕话剧《维持维持》以其主题的鲜明性以及与现实斗

争的密切关联性，在根据地军民中引起强烈反响，有力促进了反伪锄奸工作。启东争取伪军陆洲舫反正胜利成功，消除了东南根据地开辟建设的一大障碍。陆部原系活动在启东沿海、沿江的杂牌军，曾号称江浙边区护航抗日游击总队，势力很大，不时危害地方，后投敌随日军进驻汇龙镇。为争取这支部队，根据团结抗日的统一战线政策，在启东县委和分区领导做了大量工作后，陆洲舫终于在6月的一个夜晚捉拿了伪启东自治会会长黄召贤和日军翻译、特务姜福全，倒戈起义，移驻启东海滨地区，编为启东人民自卫军。分区首长派三旅服务团带了《维持维持》剧组专程去该部演出，结合现实斗争，配合对该部的改造教育工作，发挥了很好的作用。

韬奋书店出版的西蒙剧本《重庆交响乐》

抗战胜利后，如皋韬奋书店曾出版三幕话剧《维持维持》剧本。

1943年初，日伪军调集大量兵力，来势汹汹地进行“清乡”。为适应四分区反“清乡”斗争的严峻形势，三旅服务团奉命暂时撤销。

10

1944年，经过苏中根据地军民的浴血奋战，反“清乡”斗争取得基本胜利，紧张局势得到彻底扭转。坚持战斗在四分区的新四军一师三旅重新组建战地服务团，更名为苏中军区第四军分区文艺工作团，简称四分区文工团，仍属一师三旅建制。

四分区文工团正式组建于1944年底，李露平任团长，陈言任政治指导员。下设戏剧、音乐两个组，江平、王舜华分别任组长。团员除从部队中调来原三旅服务团一批同志外，主要从当地四分区联合中学（四联中）挑选了一批优秀青年为建团骨干，并通过城工部吸收了一批从敌占区来参军、有文艺特长和爱好的青年充实了队伍。

文工团边组建边演出，排练了一些小秧歌剧为部队演出。自从三旅服务团撤销之后，部队已有很长时间没有看过自己的剧团演出了，虽不满足但还是很受欢迎的。

1945年初，四分区文工团基本建成，排演了第一个多幕话剧《过关》，这是引进自山东根据地的动员参军的优秀剧目。戏刚排好，便在四分区隆重召开的英模大会上演出，立即得到了分区领导的重视与英模们的好评。这是四分区文工团打响的第一炮，许多团员都是平生第一次在舞台上塑造角色，这成为他们艺术生涯的处女作。

《过关》演出获得成功之后，四分区文工团影响迅速扩大，第二部上演的剧目是与三旅军工部合作的自创作品《替胡世合同志报仇》。据李露平回忆：1945年4月间，旅军工部协理员陈佐来团，要我们帮助他们军工厂有业余戏剧爱好的工人编导个戏，在五一国际劳动节演出，剧本是登在《江海报》上几百字的新华社通讯报道，题目为《替胡世合同志报仇》，写的是蒋管区重庆工人胡世合被国民党反动派无辜杀害引起了重庆各界人士的公愤，自发举行公祭，在灵堂上向国民党反动派当局进行了有力的抗议与控诉的事情。报道写得非常动人、感人。义愤激发了我们的创作热情，立即接受了任务。

李露平带领文工团部分戏剧编、导、演人员，与军工厂的工人同志组成了一个编导小组，边创作，边排练。以通讯报道为基础，事先拟了一个分场的提纲，每人分工写了一个大概的剧本，排演时用“幕表”的方式，每段戏只提一个总的要求，只讲一个大概的内容，具体台词由演员自己现场发挥，导演即兴予以取舍，另有场记随时记录成剧本。演出班底由文工团部分演员和军工厂工人共同组成。

五一国际劳动节庆祝大会上，在三元宫的草棚礼堂里，文工团和军工部同志如期联合演出了多场次话剧《替胡世合同志报仇》。军工厂工人同志熟悉工人的生活、思想和感情，他们心中充满对胡世合同志阶级的爱，对反动派无比的恨和愤，因此表演非常真实、感人，激起台下军工厂工人观众们阵阵掌声。

特别是演到最后各界公祭一场，台上布景是布满了白色挽联、花圈的灵堂，当国民党反动派当局派武装警察前来干涉时，各界人士进行了面对面的控诉。这时，“替胡世合同志报仇！”的口号声此起彼伏，台上台下，群情激奋，分不清演员、观众。从艺术的角度看，戏当然很粗糙，但是却有较好的演出效果，文工团团员们也深受教育。

1945年夏，新四军准备进行大反攻，争取抗日战争的最后胜利。长期战斗在四分区的新四军一师三旅改编为华中野战军第七纵队。四分区文工团上升为七纵队文工团。9、10月间，华中部队云集在东台县一带，各兄弟文工团都在那里为部队演出，这是一次极其难得的军地文艺团体间相互观摩学习的好机会。适逢前线剧团在东台镇演出古装历史话剧《甲申记》，演出盛况轰动一时。七纵队文工团演出了多幕话剧《中国人》。

1946年春，七纵队驻防高邮。在内战爆发前的和平谈判期间，为配合形势教育，纵队政治部宣传科长姜旭为文工团导演了一部多幕话剧《同志，你走错了路！》，此剧为引进剧目，姚仲明、陈波儿编剧。剧情为抗战期间，我某部队负责抗战工作的领导，执行政策上右倾，对国民党背信弃义、暗中搞阴谋失去警惕，致使在一次行军途中被敌伏击，险遭全军覆没，教训沉痛。《同志，你走错了路！》排成后，纵队首长十分重视，指示在各部队普遍进行演出。

最令人难忘的是在如皋县城剧场里为部队和如城群众进行的一场演出。那时军事调处执行部的一个小组正在这里，部队领导也邀请他们观看了演出。演出间，后台几位调皮活跃的年轻同志，偷偷躲在幕布后，从幕布缝隙中往外察看坐在剧场前排的军调小组的观剧态度。在全场观众情绪活跃之时，只见小组中那几位国民党代表，虽始终板着毫无表情的脸，但却掩盖不住内心的尴尬难耐。

由于姜旭的精心导演，使七纵队文工团的演剧水平得到一次明显的提高。七纵队政治部宣传科长姜旭是一位在苏中根据地很有影响的戏剧家，其戏剧代表作是小歌剧《刘桂英是朵大红花》，经沈亚威谱曲后，此剧曾在苏中根据地各文艺团体广为演出，其中的主题歌《刘桂英是朵大红花》，苏中根据地军民几乎人人都会唱。1944年到1946年期间，在苏中、苏北解放区同时上演两个不同版本的小歌剧

《刘桂英是朵大红花》，一个是苏北五分区范政编剧，一个即二分区姜旭编剧。两个剧本都是依据陕甘宁边区于之州的同名叙事诗改编而成，内容大致相同，表现手法却各异。

润河集攻坚战（木刻）　　屠炜克

四分区（七纵队）文工团上演的大型剧目共10部：《过关》《中国人》《同志，你走错了路！》《白毛女》《英雄好汉》《升官图》《李闯王》《血泪仇》《战斗里成长》《幸福山》。此外还有《替胡世合同志报仇》《掼碗》《神兵》《天下穷人是一家》《农村曲》《两种作风》《王克勤班》《禁止小便》《喜相逢》《破旧的别墅》《三担水》《兄妹开荒》等。

11

新四军一旅政治部战地服务团主要活动于如西（如皋）、靖江、泰兴、泰县等一分区地区，曾演出曹禺名著《雷雨》《蜕变》等大型剧目，演出过《兄妹开荒》《一条扁担》《菜刀杀鬼子》《红鼻子参军》等小戏、广场剧，很受军民欢迎。特别是广场小歌剧《红鼻子参军》，尤为群众所喜爱，百看不厌。

《红鼻子参军》为新四军一师服务团原创保留剧目，由一师服务团剧团主任李增援编剧。李增援，南京国立戏剧专科学校毕业，是一师服务团内唯一的戏剧专业科班出身人才，虽然学的是舞台美术，但编、导、演同样出色当行。《红鼻子参军》写于1940年7月间，是其戏剧代表作之一。故事情节紧凑，语言幽默风趣，生动活泼，十分引人入胜。剧情为“红鼻子”和“张大嘴”两个农村青年都想参加新四军，而他们妻子的态度却截然相反。“红嫂子”积极支持丈夫参军，而“张嫂子”则处处阻挠，塑造了两个个性不同的鲜明舞台形象，给观众留下深刻印象。许多青年看完戏后，激情满怀，主动报名参军。1940年至1942年，苏中抗日民主根据地几乎所有文艺团体都曾上演过《红鼻子参军》。

1942年2月21日，李增援在大丰西团野战医院遭遇日军袭击，为掩护重伤员而英勇牺牲。新四军一师服务团在角斜旧场驻地为李增援和同时牺牲的一师服务团民运科长唐克烈士举行隆重追悼会，粟裕师长、刘炎政委、钟期光主任出

人民報
民國卅六年二月一日
第六四三期
誓必活捉蔣介石血祭先烈英靈
分區七千人開追悼大會
靈前宣誓：要更好堅持鬥爭，恢復失地，消滅敵人，爲烈士復仇！
在靈堂面前

《人民报》悼念李增援等烈士

席追悼会，粟裕师长给予崇高评价，号召全师指战员向烈士学习。李增援母校国立剧专也在重庆为其举行追悼会，著名戏剧家余上沅题字：“天丧颜回”，并在署名旁写下“挥泪泣挽”，以表悼念之情。

1945年初，一旅服务团排练演出苏联四幕话剧《前线》。此时一旅服务团编制上已不存在，团员均已下到基层部队、机关工作，由一旅政治部临时抽调原服务团部分同志再次集中排演。这部戏的主题是批评高级将领的骄傲自满。剧中还有一个吹牛拍马的新闻记者，叫“客里空”，后来成为新闻工作中华而不实、夸大其辞的代名词。政治部决定排演这出外国戏，是为了配合党的整风运动。刚从三地委整风队学习结束的原一旅服务团漫画木刻组组长高斯突然接到通知，让他去参加《前线》演出。高斯回忆，除在剧中演一个只讲三句话的角色外，他主要负责化妆与舞台装置。以前在根据地演出，都是借用农家的几十张方桌拼成舞台，用幕布作背景，这次演出决定按苏联军队高级指挥部的实际场景，制作硬片布景。用大小不同的木框，钉上着色的布料，按场景变换拆装组合成片。制作硬片好办，困难的是这些布景如何直立固定在舞台上，既要方便地活动装拼，又不能打地脚钉损坏借来的方桌。舞美组想了许多办法，制作了大小不等的长方形木框，在木框之间，用活动插销联结，后面用撑子固定在台上。虽然这样，但演出时剧组人员仍忙得手忙脚乱，上下场之间只有几分钟时间，更换布景成为最紧张的时刻。以前很少在舞台上使用的实景硬片布景，使观众顿觉眼前一新，因而演出效果很好。演出外国戏剧，从服装、道具到人物化妆造型等均对一旅服务团带来相应困难，但最终都得到解决，一台堪称完美的演出呈现在部队指战员们面前。

一旅服务团戏剧演出导演及表演水平相对较高，得益于曾受到一些专业人士的辅导。1942年，著名作家、戏剧家阿英先生从上海来到苏中根据地，其一家曾在一旅服务团住过半年之久，辅导服务团开展业务学习。曾在上海创作演出《洪宣娇》等多部历史话剧并产生很大影响的阿英先生，当时在服务团小青年眼中是老一辈的长者，大家都很尊敬他。阿英以根据地军民抗敌斗争为题材亲自编写剧本，又组织有关同志导排演出，使一旅服务团全体团员获益匪浅。阿英长子钱毅亦为一旅服务团团员，后调往《盐阜报》工作。

与一旅服务团排演《前线》几乎同时，驻于二分区宝应的苏中公学也决定排演该剧。

《前线》是苏联著名剧作家考涅楚克写的三幕五场话剧，描写卫国战争中，某方面军前线总指挥戈尔洛夫骄傲自大，不愿学习，任用吹牛拍马的糊涂虫，以老经验指挥现代战争，使战区遭受重大损失。年轻的军长欧格涅夫具有改革精神，善于学习新事物，掌握现代战争规律，根据战局变化制订新的作战计划，经上级批准后付诸实施，赢得了胜利。

最后，苏军大本营撤换了戈尔洛夫，任命欧格涅夫为前线总指挥。全剧的中心思想是反对骄傲自满、固步自封，提倡学习新事物，研究新情况，适应新形势。1944年初，翻译家萧三将该剧译成中文，延安《解放日报》从5月19日起至26日全文刊载。此时，抗日战争正处于大反攻前夕，整风运动正在各个根据地深入进行。《前线》的主题完全符合抗战形势和整风运动的需要。因此，党中央决定将这个剧本作为整风学习参考材料。

看到《前线》剧本之后，苏中公学教育长夏征农立即召集校俱乐部工作人员会议，说："我们几个同志议了一下，也向区党委汇报了，都认为《前线》这个戏很有现实意义，如果把它搬上舞台，教育作用将会更大。"校俱乐部同志们异口同声表示："行！大型的外国戏，过去虽然没有演过，但我们一定要克服困难，完成任务！"于是决定由校俱乐部组织排戏。

俱乐部主任邵钟任导演，剧中主要角色为：陈绍贤饰戈

战地服务团团员在水网中行动

尔洛夫，学员欧阳涛饰欧格涅夫，学员丛咏声饰记者客里空等。没几天，就调集到了40余位演职员。

演外国戏，舞美、服装、化妆是一大难题。演职员按照过去在上海看画报、电影的印象回忆试做。苏军高级指挥官将军服，大多是用缴获来的日伪军黄呢大衣改制的，皮靴也是日本军靴，向老乡买来狗皮、羊皮做成皮帽。肩章领章用硬纸板绘制。苏联人的大鼻子则是从敌占区买来的口香糖粘塑而成。

1944年11月7日，在青沟校部大操场土台上，为庆祝十月革命节和苏中公学第一届学员毕业，《前线》正式公演，一炮打响!

此后，各地机关、部队纷纷邀请苏中公学《前线》演出队演出，在学校安排下，从各旅演到一师师部，从苏中演到苏北，每到一处，都受到当地军政首长的关怀和广大军民群众的热烈欢迎。

1945年，新四军一师挥师南下，开辟浙东根据地。一师文工团（服务团）随军行动。苏中军区决定，以苏中公学《前线》演出队为基础，加上一师文工团留下的部分团员，又从学员队选调一批文艺骨干，组成80多人的专业剧团，并正式命名为前线剧团。

苏中军区独立旅文工队，前身是苏中三分区文工队，1945年底建立。李承列、江潮分任正副队长，曾鸣任党支部书记。戏剧组组长鲁列，音乐组组长符敏。曾排演话剧《抓壮丁》《西洋镜》《丁赞亭》和皮影戏《混世魔王蒋介石》《解放泰兴城》等剧目。话剧导演为鲁列，一些表演难度较高的角色大多由基层文艺骨干客串，如郭已明、顾炳祥、常乐、高斯、乔梁、张剑芳等都曾参加演出。

1946年，苏中军区独立旅编入华中野战军第六师。独立旅文工队并入六师文工团，随部队驻防高邮。六师文工团创作排演了多幕话剧《谣言害人》，张樾、林倩、丁以元主演。

12

在部队战地服务团的影响下，苏中根据地群众戏剧演出活动也很活跃。

新四军一师三旅及四分区党政机关进驻苴镇之后，四乡八里，人民群众安居乐业，生活改善，镇上市场繁荣，兴旺发达，苴镇成为苏中四分区政治文化经济中心，抗日反“清乡”的战斗堡垒。到处红旗飘扬、歌声嘹亮，一片热气腾腾的新景象。

由沈谦等青年组织的大众剧团，演出活动频繁，先后编演了大小剧目数十台之多。与其他地区群众业余剧团不同，并且也明显区别于部队系统剧团的是：大众剧团编创上演剧目大部分为京剧。这与苴镇地区传统京剧票友较多有关，群众爱看、爱听、爱唱京剧。

大众剧团京剧乐队文武场齐全，会拉京胡的就有五六位之多，其中亦有专业京剧戏班人员参加演出。剧团成立不久，上演了季室华编剧的大型京剧《打鼓骂汪》，是根据传统京剧《击鼓骂曹》的戏路改编的，借以歌颂爱国主义思想和发扬民族正义，鞭挞民族败类。

沈谦回忆：《打鼓骂汪》每次演出，那些大段慷慨激昂的唱腔唱词，都博得全场热烈的掌声，其中扮演角色的演员王庭献、樊友生、徐长贵，他们的嗓音洪亮，很受观众欢迎。尤其是徐长贵，他是专业京剧演员，演出更为出色，分区首长观看后大为赞扬。

为了配合大参军运动，沈谦和季室华合作，借鉴传统京剧《花木兰》戏剧结构，编创现代京剧《巾帼英雄》。此剧着重正面宣传民族精神与爱国主义思想，避免一些儿女情长的情节和台词。稿成之后，请分区首长审阅，得到分区首长肯定与赞许。

《巾帼英雄》剧情梗概：老夫妇有两个女儿秀兰与惠兰，一家人思想进步，有爱国热情，对日寇的侵略暴行，激起了深仇大恨，家中没有青年男子去参加杀敌，老人家含恨终日，大女儿决心去参军，保家卫国。

兰父是由季敦杰、刘克勤轮换演出的。季敦杰的麒派唱腔苍凉激昂，刘克勤的言派韵味更佳，每场演出都博得阵阵掌声。大女儿秀兰由杨联珍、季忠银分别扮演。杨联珍嗓音好，行腔悦耳动听；秀兰赶路到兵营的一段娃娃调，季忠银则唱得高亢激昂，令人精神振奋，她们的演出也受到观众好评。该剧取得了很好的宣传效果。

《黄友根翻身入党》（木刻插图） 杨涵 杨中流 江有生

大众剧团为了更及时地配合宣传反“清乡”武装斗争工作，还创作排演了一些方言话剧，如《血债》《宁死不屈》等。《宁死不屈》塑造了一位富贵不淫、威武不屈、大义凛然的老教师和他的女儿的形象，并揭露日寇和汉奸走狗的罪行，歌颂崇高的爱国主义思想和坚持民族气节的精神。该剧演出效果很好。在海防团成立大会上，分区陶勇司令员与吉洛（姬鹏飞）政委观看了《宁死不屈》的演出。

大众剧团演出的中、小型剧目，有表现民兵机智勇敢的《关门捉鬼》，有表现军民鱼水情深的《姑嫂送军鞋》以及配合中心工作的《母女送公粮》《送子参军》等。

分区首长非常关心大众剧团工作，剧团编创的剧本，分区政治部符确坚主任与陈科长亲自审阅并提出修改意见，平时还经常来剧团指导工作。分区首长也经常观看剧团演出。一次演出《宁死不屈》时，其中一个演员在台上任意发挥，表演轻浮。陶勇司令员看了戏后，找到剧团负责人，对演出既表扬又批评，纠正戏中那位演员的表演，从此之后，那位演员一改台风，表演很认真。

苴镇地区为四分区各级党政机关驻地，军队会议和群众大会很多，因此大众剧团的演出任务也很多，几乎是逢会必演。演出大都是在露天广场，至多借老百姓桌子拼个舞台，上面用芦苇帘子遮住。有时没有汽油灯，只好用豆油灯。豆油灯是用大挂勺做的，用一束灯草点燃挂在勺边上，半明半暗，风吹就熄，熄了再点，照常演出，观众情绪依然，兴趣不减，坚持看完全剧。演出中，当台上出现鬼子、二黄、汉奸走狗作恶情节时，观众就咬牙切齿；见到群众遭殃，观众就流泪叹息；台上打死鬼子，台下拍手称快；台上捉到汉奸，台下齐声高喊“打死他！”整个演出过程中，台上台下，情感交融，气氛热烈。

抗战胜利后，苴镇大众剧团改名为海燕剧团，恢复演出活动，并编演《内战恨》等剧目。

1942年10月10日，苏中四分区党政军机关在苴镇召开大会，并检阅部队和民兵。陶勇司令员事先派人到丰利邀请戏班“赵常宝班”来苴镇演出传统京剧《铁公鸡》《贺后骂殿》《宝蟾送酒》《古城会》等剧目。会后，戏班在根据地巡回演出，在南通县九总配合动员参军排演了《花木兰》，在如皋县长沙和票友范铭之合作改编演出新的《桑园寄子》。

四分区联合中学（四联中）戏剧演出活动产生影响，缘于一出自编剧目《叶兰英劝夫参军》。此前，四联中师生为配合“中国的抗日前途”、“蒋介石有没有抗日性”等大辩论，曾上演过大型话剧《阴阳界》《黑暗的西南角》等剧。

“叶兰英劝夫参军”是出于泰兴县城黄乡朱家庄里的真人真事，其事迹在根据地报刊上登载后，被四分区联合中学的教师们看到，深受感动，就以此为题材，自编自演了广场小歌剧《叶兰英劝夫参军》，用来配合宣传参军运动，鼓励群众积极参军。

华中新华书店出版的《大众文艺工作经验选辑》

剧本由吴景陶执笔创作，署名友农。为了方便演出，同时更贴近群众，为群众所喜闻乐见，唱腔全部采用苏中民间小调填词，如“童子调”、“无锡景”、“泗州调”、“十把扇子”、“探妹调”、“十送调”等，一经演出，果然深受群众欢迎。剧中许多唱段为群众所喜爱，看完演出就立即传唱。特别是叶兰英劝夫所唱的“准备反攻打走鬼子兵，小妹妹劝郎去参军，郎呀，坐在家里没前程！”最为群众所喜爱，几场演下来，这一唱段几乎家喻户晓。

为了增加剧场演出效果，更快吸引观众入戏，作者在戏前加了一个说书先生张铁嘴，以说扬州评话的形式介绍抗战形势，引出故事情节。全剧结束时，张铁嘴再次登场，说道：“诸位！新四军又多了一名战士，我们的总反攻又增添了一份新生力量。《叶兰英劝夫参军》的故事就说唱到这里。敬祝诸位健康、愉快！”整个演出轻松活泼，演员唱做俱佳，让观众在艺术享受中接受潜移默化的宣传教育，激发了群众踊跃参军的热情。

自《叶兰英劝夫参军》首演成功之后，凡四联中驻地鲁灶庙周边地区召开动员参军的群众大会，必受邀请演出此剧。四分区在吴家桥召开“群英大会”，四联中接到晚会演出邀请，由吴景陶带队，完成了演出任务。演出结束之后，四分区陶勇司令员到后台来看望四联中师生，给以充分肯定，说戏很好，再演两场，让部队所有的战士们都看到。吴景陶说：“我们这出戏只演一个小时，够不上一台晚会的节目时间。”陶勇司令员说：“我们的战士就是要看你们这一个小时的戏啊！”

四联中《叶兰英劝夫参军》在吴家桥连演两个晚场，满足了战士们的要求。

《叶兰英劝夫参军》随后曾被苏中根据地多个军地文艺团体演出。

1947年苏中解放区开展土改复查运动，掘马北区文教股长孙大翔参加了清算当地恶霸孙少卿的斗争，和教师唐洁、汪涛、庄涛、庄波等人到群众中搜集了朱少卿残杀穷人女儿汪素贞的罪行材料，不到十天时间，就用本地方言创作了一部四幕十三场话剧。为了更好地教育、动员群众参与土改复查运动，剧情几乎完全根据真实案情编写，只稍作艺术加工与剪裁。其内容主要是：穷人女儿汪素贞因家贫被卖给地主朱少卿做姨太太，后被朱少卿及其侄儿朱小才害死，分尸七块藏在枯井里。汪素贞娘家穷，不敢追命。谁知枯井尸体被村民发现，告到衙门。县府派员到案发地点调查，主犯朱少卿用钱打点，调查员本想敷衍了事回去交差，但被村民围住不放他走，这才做了呈文报告县里。县衙将直接凶手朱小才逮捕，判了十年，从犯金木匠反而判了无期徒刑，主犯朱少卿则安然无事，毫发未损。朱小才在监牢里买动狱警做起了龙头，金木匠则被折磨惨死。

在虹元乡斗争恶霸朱少卿万人大会上，由当地苏云剧团赶排上演了大型方言话剧《枯井沉冤》。公审大会开始前先演戏。第一幕“逼债卖人”，群众为汪素贞的悲惨命运泪如雨下。第二幕“天堂地狱”，群众哭声一片！第三幕“定计谋杀”，群众对朱少卿恨之入骨。第四幕“枯井沉冤”，群众义愤填膺，要求报仇！幕刚落下，喊声震天：“血债要用血来还！”区委书记莫林亲自领唱：“穷人女儿汪素贞，二十六年仇恨深，冤沉井底不得伸。大家来做包文正，要替死者把冤伸！”

戏一演完，公审大会立即开始，恶霸朱少卿被区人民政府法庭判处死刑，当场伏法。

《枯井沉冤》被称为“苏中的白毛女”，苏、鲁、皖解放区许多剧团曾经移植上演该剧，影响较大。1949年，新中国成立后，孙大翔和杨明决定重写《枯井沉冤》，根据采访叶胥朝等人及新搜集的素材，将整个剧情发展、人物刻画详细进行研究，在两个月中，两人分头重写完毕。是年9月，新版五幕话剧《枯井沉冤》由九分区文工团戏剧队在南通新新大戏院首演，随后又在唐闸工厂区及农村巡回演出，观众反映颇好，同时也对剧本提了不少意见。特别是曾亲自在故事原型地点工作过的肖卡所提意见尤为重要。为了更慎重起见，作者将剧本呈送苏北区党委宣传部及华东局宣传部夏衍副部长审查，经领导提出指示后，于1949年底，再次进行了重新修改。

经三次改写后，剧本在对朱少卿的罪行暴露上比过去更强烈了，在对汪素贞与金木匠的个性刻画上进一步掌握了阶级观点，不仅把暴露朱少卿这一地主阶级的典型人物残害汪素贞、徐二作为主题来处理，同时更把当时国民党官府与地主阶级勾结一气残害汪素贞、金木匠作为副题来处理，因此，第二幕、第三幕、第四幕与第五幕跟原先方言剧在故事与布局上都有很大不同，人物取舍上也有较大变动。台词由方言改为普通话。

五幕话剧《枯井沉冤》新中国成立后出版单行本。

1946年春，苏皖一分区青年代表大会在如皋召开，一分区文工团演出了《自由魂》《正在想》《破旧的别墅》《黑暗的西南角》《黑暗中的暴风雨》《雾重庆》等话剧。如东县文工团、马塘青虹剧团先后演出了《锁着的箱子》《山河血》《惩奸》等剧目。

1946年3月23日起，国民党特务在南通先后逮捕并杀害了参加反内战游行示威的文协成员钱素凡、顾迅逸等八位青年，制造了震惊全国的南通惨案。华中解放区各县成立“南通惨案后援会”。掘港青年刚组建不久的黄海剧团立即由刘浪执笔创作大型话剧《长江血》，并迅速排练演出，揭露国民党特务破坏和平的罪行。黄海剧团曾上演《民主万岁》

《反法西斯胜利万岁》《王贵与李香香》等剧目。

如东北坎成立渔民翻身剧团，演出自编民歌剧《血海深仇》以及京剧《打渔杀家》。

1947年7月8日，中共紫石（海安）县委在施家溪召开全县坚持对敌斗争英模大会，晚上由南莫镇业余剧团演出《锁着的箱子》等剧目，歌颂军民联合开展反扫荡、反清剿斗争，群众看了，大受鼓舞。县委书记莫珊、宣传部长陆荫决定以南莫镇业余剧团为基础，适当充实人员和领导骨干，建立紫石县委文工队，直属县委宣传部领导，由丁克义任队长，江东、孙江为队委。至年底，紫石县文工队已发展到近40人，县委为加强领导，调派县委秘书王泽同志担任队长，丁克义任副队长。

在人民自卫战争不断取得胜利的形势下，紫石县委文工队经常利用军民反扫荡、反清剿斗争的事实编写成歌剧、话剧和小型活报剧演出。如话剧《不治之症》，揭露蒋介石破坏“双十协定”，发动内战，不得人心的面目，深受群众欢迎，连续演出20余场。由于是创作剧目，随着形势的变化，演出时可以在剧情内容上不断充实，把我军取得的新胜利、蒋军的又一次惨败及时补充进去，使群众为之振奋。活报剧《活捉陈至飏》，完全根据真人真事编演。陈至飏为曲塘镇土顽中队长，作恶多端，县中队对其进行打击，不费一枪一弹，将其生擒活捉。演出后，群众纷纷称快叫好！

1947年下半年，根据地普遍进行土地改革复查运动。紫石县委文工队丁克义、孙江等同志深入沙岗区施家溪采访，创作了方言话剧《六月初二》。剧中以一个佃农高永寿为主要人物，他在地主的大斗进、小斗出，高利贷、利滚利等毒辣手段的盘剥下，交不起租子，在六月初二这一天失去了多年租种的土地，从此日无蹲场，夜无宿场，走投无路，最终还是进了地主家当了雇工。土改复查中，高永寿吐了苦水，真正翻身当了主人。文工队演出该剧时，为力求真实，扮演地主的演员所穿戴的服装就是地主平日所穿的黑马褂、竹布长衫及瓜皮帽。有一次在梅家溪演出，当剧情进入高潮时，有个贫雇农误认为台上演员就是地主本人，激愤之下要冲上台揍打演员，后经解释才作罢。

紫石县于1948年初改名为海安县后，紫石县委文工队随之改名为海安县委文工队。文工队既是宣传队，同时也是培养和锻炼青年的组织，全队绝大部分队员均先后参加了革命工作，走上了革命道路。

13

1946年3月，华中野战军前线剧团（原新四军一师文工团、苏中公学前线剧团）在如皋新皋剧场上演大型历史话剧《甲申记》。

1944年，郭沫若曾发表史论文章《甲申三百年祭》，延安《解放日报》全文转载，中国共产党所领导的全国各大抗日民主根据地党政机关、部队全面进行整风运动，《甲申三百年祭》成为配合整风运动很好的学习材料。

明思宗崇祯十三年，中原蝗旱成灾，难民吃尽草根树皮，朝中却仍歌舞升平，庆贺元宵。李自成揭竿而起，所向披靡，四年后攻抵北京城郊。李军整顿军纪，爱护百姓，军威大振。破城之日，崇祯自缢于煤山。百姓欢歌迎接闯王进城。

李自成进城后，骄傲轻敌。而刘宗敏、牛金星两员大将更以功臣自居，拷打降将，勒索赃银，上下军纪败坏，士气不振，纷纷然，昏昏然。吴三桂引清兵入关，李自成虽亲自出征迎战，但军心涣散，失败已经注定，最终命殒九宫山。

面对即将到来的抗日战争的胜利，李自成的教训无疑是对已在艰苦抗战中成长壮大起来的中国共产党及其领导下的军队一份很好的警示教材。

最先根据《甲申三百年祭》文章精神创作剧本的是著名戏剧家阿英，他在五幕历史话剧《李闯王》前言中写道：“李闯王为什么会招致这样的失败呢？这是我们今天，胜利的形势已经到来的今天，值得我们深刻研究的问题。我们应该把握这些历史的血的经验教训，以保证成功。”

《李闯王》从崇祯十七年李自成宁武关营地准备进攻京城写起，到进京称帝，枉杀忠良，直至清康熙甲辰年败退山西，遁入空门，在晨钟暮鼓中圆寂于普贤寺止。场面宏阔，剧情跌宕感人。此剧曾在华中解放区广为演出，影响很大。苏中地区由七纵队文工团演出。该剧曾在解放区出版多个版本，初版为华中新华书店1946年版，1949年新华书店编入“中国人民文艺丛书”再版。《中国话剧通史》中写道：《李闯王》将“传记”与“传奇”相结合，发人深省又引人入胜，是一部在艺术上精雕细刻的优秀历史剧，又有强烈的现实教育意义。

同一题材的大型戏剧还有李一氓编剧的京剧《九宫山》、话剧《甲申记》。

京剧《九宫山》由淮海实验剧团演出。

五幕历史话剧《甲申记》，由夏征农、吴天石、沈西蒙合作编剧，1945年苏中出版社出版，同样也在华中解放区广泛演出。其中首演，演出水平最高、演出影响最大者为新四军一师文工团与苏中公学戏剧队联合组建的前线剧团。与阿英《李闯王》剧情结构不同的是，此剧从崇祯十三年中原大灾，农民跟随李自成起义写起，至攻入京城后三十天止。虽然主题相同，但戏剧结构则别具特色。

《甲申记》在新四军一师指挥机关驻地宝应县固晋村排练，王啸平导演，茹志鹃饰长平公主，茹志鹃二哥茹辛饰刘宗敏。固晋村亦为苏中公学原址，现立有夏征农题写的“苏中公学校址”与“甲申记演出处”石碑。《甲申记》演出后，同样产生很大影响。此时即将迎来抗战胜利，华中解放区已连成一片，演出环境与演出条件大为改善。前线剧团在如皋新皋剧场演出《甲申记》时，舞台灯光、布景美轮美奂，观众如潮。

解放战争全面胜利即将来临时期，在苏中解放区各文艺团体广泛上演的剧目为大型歌剧《白毛女》。1948年5月，九地委决定，在九地委、九分区（原四分区）召开土地改革工作会议期间，上演歌剧《白毛女》。这是一个政治任务，是为了贯彻党中央土地会议精神，迎接分区土地会议的召开，并通过演出，慰问九分区作战部队和广大人民群众，以提高军民的阶级觉悟，坚定革命信心，争取全国解放的彻底胜利。

九分区有关领导在如东苴丰区沿堤乡暖阁庄召开了演出筹备会议，调集了演员、乐队、合唱队、灯光、制景、舞台等各部门人员70余人，进行了动员、部署、分工。剧组由九地委联络部长赵琅具体负责。演员角色分配：顾斌、吴彤、陈璞饰喜儿，夏理亚饰杨白劳，曹从坡饰黄世仁，宋朗饰黄母，彭天颖饰王大春，王籍饰穆仁智，严玉麟饰保长，杜茵饰张二婶等。九分区政治部文工队队长江帆、副队长鲁燕率领队员参加合唱、伴奏、灯光、舞美工作。

据陈璞回忆：在物质条件非常困难的情况下，既没有专业的演出队伍，又没有剧场、灯光、布景、道具、服装等现成设施，要在短时间内完成这样大型歌剧的演出，是很艰巨的任务。茅草棚、打麦场、地头田边就是我们的排练场。"……盼爹爹心中急，爹爹回来心喜欢，爹爹带回白面来，欢欢喜喜过个年。"这段唱词，饰演喜儿的顾斌唱出了淳朴、明快的韵味，十分朴实可爱。

吴彤赶来剧组报到时，刚生完小孩还未出月子，头上扎着一块白毛巾，坚持排练。陈璞饰演山上的喜儿"白毛仙姑"，导演要求她必须体验大雪纷飞、又冷又饿，捧着雪水喂养刚生下的孩子时的惨景。陈璞反复练唱"大风大雪阵阵紧，十冬腊月冻死人……"那段泣不成声的唱词，反复排练强烈挣扎、仇恨满腔的形象，眼睛熬红了，喉咙嘶哑了，在所不惜。战友徐梅影买来中药，给陈璞泡茶喝。驻地群众送来几只鸡蛋，叮嘱陈璞早上空腹吃下生蛋清润嗓子。全体演职员在紧张排练中互相关心、互相学习。

首场演出日期终于来临。舞美组向周边村庄群众借来120张大方桌拼起来搭成一个超大舞台。6盏汽油灯代替了全部灯光。没有扩音机，全靠演员的“金嗓子”。观众在打麦场上列队席地而坐。首场观看演出的有分区部队八、九团全体指战员、民兵、分区土地会议代表以及地方干部、群众2000余人。演出很成功，台上台下形成强烈共鸣，阵阵掌声、口号声、欢呼声会合成一片爱和恨的海洋，只听得“毛主席万岁！中国共产党万岁！”、“打倒蒋介石！打倒黄世仁！”、“保卫家乡！保卫胜利果实！”的口号声响彻云霄。观众席上，人们激动万分，一些土地会议代表与当地群众泪流满面看完全剧。

1948年底，南通城即将解放，为配合部队入城后的政治宣传，九地委文工团和九分区政治部文工队奉命合并，共同组建“华中军区第九军分区文工团”，由江帆任团长，夏理亚任副团长。

在组团期间，九地委通过上海地下党组织动员上海影剧界进步演员和舞蹈、音乐工作者夏天、田野、丁琳、夏克勤、朱伯东等29位青年来到如东苴镇刘家园九分区驻地，加入了九分区文工团。其中，电影演员夏天毅然偕夫人及弟、妹夏克勤、夏克昌合家离沪，到解放区参加革命。田野为著名戏剧家田汉之女。这些青年艺术工作者的加入，给新组建的九分区文工团注入了新鲜血液，迅速加强了专业艺术力量。

九分区文工团在组织上作了适当调整，由经历过战火洗礼的原九分区文工队队员组成宣传队；以上海来的青年艺术工作者，配以原九分区文工队骨干队员组成戏剧队。宣传队赶排适合广场演出的小型秧歌剧、活报剧、腰鼓、舞蹈和街头宣传演讲。戏剧队排演歌剧《白毛女》《血泪仇》等大型剧目。

南下途中（速写）　涂克

1949年2月2日，南通城解放。九分区文工团随地委、分区机关进城后，改称为中国人民解放军南通军事管制委员会文工团。团长江帆带领宣传队在市区、学校、工厂、村居进行演讲、演出，宣传军队城市政策。副团长夏理亚负责的戏剧队在更俗剧场连日演出大型歌剧《白毛女》《血泪仇》。

3月，随着解放战争形势的快速发展，南通军管会文工团奉命上升为华东野战军第十兵团文工团，准备随军参加渡江战役。军管会文工团宣传队和部分戏剧队中的上海青年艺术工作者留下，与苏北军区文工团一部分队员合并组成新的苏北军区文工团。新中国成立后，以苏北军区文工团为基础，成立江苏省话剧团、歌舞团。

战地彩虹——美术

14

新四军一师一旅政治部战地服务团分为四个组，即戏剧组、歌咏组、文学通讯组与漫画木刻组。漫画木刻组人数不多，先后不超过10人，但艺术水平较高，大多是美术专业学校科班出身，如江有生、王麦秆、孟光、高斯等，新中国成立后均成为著名画家，或任职任教中国美术家协会、美术院校等。这些20岁刚出头的年轻人是从上海等大城市陆续来到苏中抗日根据地参加革命工作的。比他们稍许年长一些的赖少其、鲁莽等已经在新木刻等专业领域享有盛名的画家们，则早在20世纪30年代末即已参加新四军，在军部战地服务团工作。

一旅服务团漫画木刻组的工作除参加地方上的征粮等群众运动工作外，主要从事美术创作、宣传活动，一是参加部队连队和战地宣传活动，二是创作绘制美术宣传品，三是编印《怎样写美术字》等在基层连队普及美术知识、辅导部队开展宣传活动的小册子。

1942年初春节期间，服务团漫画木刻组全体同志分到主力部队各连队，帮助战士们开展俱乐部活动，办了以说唱

积极支前(木刻)　严学优

文学为主，图文并茂，内容着重于表扬英雄模范人物的墙报。动员战士写稿，画插图、报头、漫画，把墙报办得非常生动精彩，深受战士们欢迎和喜爱。是年春，靖江生祠堂战斗，打得很艰苦，战斗结束后，部队回到中心区休整。高斯到一团七连帮助办墙报。在一块两张桌面大的长方形蓝布上，贴出了歌颂英勇作战的先进人物的说唱词，让战士们自己表扬战友。高斯则画了报头、宣传画，为被表扬的战士画了头像，还贴上了油印报纸有关这次战斗的报道。这墙报就挂在村子的场边墙上，不但战士们看，当地群众、学校小学生也来参观。虽说条件简陋，宣传效果却很好。后来服务团陆续调出一部分同志到连队任文化教员，办墙报就成为经常性的工作任务。

服务团漫画木刻组的主要业务工作是从事美术宣传品的创作。因为战时条件的欠缺，不可能进行油画、国画等主要画种的创作，只能创作水彩画、漫画和炭笔画，木刻的数量也不是很多。据高斯回忆：一场战斗下来，漫画木刻组各个同志都分配了任务，有战场速写，有英雄人物事迹的小型连环画，也有独幅的大张宣传画，有讽刺敌人丑态的漫画，等等。这些作品都是在短短的几天内突击创作出来，然后很快就办了展览会。展出时，漫画木刻组的同志们就在现场照应，还临时为前来参观的战士和群众画像，这项活动特别得到群众的欢迎。那时只有比较大的市镇才有照相馆，可是被日伪所占领，根据地的群众很少有可能照相留念。因此，漫画木刻组的现场画像也就成了最受群众欢迎的活动。

欢呼胜利（木刻）　钱小惠

1942年夏，一旅服务团开展了一个“三套活动”，即每名团员都要学会识谱教歌、导演小戏和写美术字，组织同志之间互帮互学。为了让大家都能学写美术字，高斯编写了《怎样写美术字》，配上字形和示范，油印后装订成64开本，共印100本。除服务团自用一部分外，其余都分发到各连队，很受战士们欢迎，很好地发挥了美术字在宣传活动中的重要作用。

15

新四军苏中军区的战地美术创作，以木刻作品艺术成就最为突出。1943年9月，新四军一师政治部科长、此时在《苏中报》编辑部工作的赖少其，发起成立苏中木刻同志会，提倡推广创作版画艺术，交流各地木刻工作者的作品和创作经验。经涂克、邵宇、费星、江有生、丁汉史等同志共同筹备，10月，苏中木刻同志会成立。

赖少其，1936年毕业于广州美术专科学校。早年参加鲁迅先生倡导的新兴木刻运动，是广州现代版画研究会主要负责人之一，曾经编译中国新兴木刻史上第一部介绍版画技法的书籍《创作版画雕刻法》，1935年开始发表作品，以“火一般的意志和热情”从事大众化的版画艺术创作，作品表现社会生活及社会变动特别强烈，有力量感，鼓舞斗志，曾被鲁迅先生誉为“最有战斗力的青年木刻家”。1938年1月，赖少其在武汉被选为“中华全国木刻界抗敌协会”理事。1939年10月，赖少其在皖南参加新四军。“皖南事变”中被关押于上饶集中营，后与邵宇越狱，辗转重回苏中归队。

苏中抗日民主根据地火热的斗争生活，激起赖少其强烈的创作欲望与创作灵感，他以刀代笔，用锈锐的刀法刻画出具有极强力量感的形象，鼓舞军民抗战的士气。

赖少其认为，中国传统艺术注重写意特性，中国人喜爱水墨黑白艺术。木刻重写意，又多黑白，中国人容易接受，有深厚的民族基础。木刻采用构图布景，空白处理，道道刀痕，线、面的表现非常有特点，留给观者的印象比其他艺术深刻，经得起看，表现中国的民族精神恰到好处，特别是在烽火燎原的全民抗战中，更是投枪、匕首和号角。发起组织苏中木刻同志会正是基于这一认识。

苏中木刻同志会成立之后，木刻创作在苏中军区各地迅速普及。一旅敌工科高斯联系了部队和地方的木刻工作者和木刻爱好者，在三分区成立了苏中木刻同志会支会，前后参加支会活动的有20多位同志。一大批优秀的木刻艺术作品在这一时期涌现出来，并在各级报刊发表。

这一时期苏中根据地木刻艺术作品的大量发表，跟各级党政军机关报刊的出版发行情况也有很大关系。苏中军区初建时期，限于物质条件，报刊以油印、石印为主。1944年以后，有条件出版铅印报刊了，可是却缺乏制作印刷美术插图的铜锌版设备。铅字排版后直接上平版机印刷，所以要用木刻版画代替铜锌版。考虑到木刻要能顶得住在平版机上频繁磨损，就要选用黄杨木的横断面来刻画。黄杨木横断面的坚硬程度要比银杏木和乌栗木强度大，制作起来格外费劲，但线条细密，有一种特殊的美。报纸上的报头、题图、插图、地图、大字标题等也都用木版刻制，一般用乌栗木也就可以了。时任中共苏中区党委机关报《苏中报》副刊《现实》主编的赖少其将木刻艺术在报纸版面设计上运用到极致状态。副刊《现实》刊头即以木刻艺术作品经常更换，增加读者新鲜感。副刊除正常发表优秀木刻艺术创作作品外，所刊文学作品中也大多配以木刻插图，使其图文并茂，生动活泼。在《苏中报》示范下，苏中区各级党政军机关报纸刊物，这一时期几乎所有报头、刊头，插图、地图、形势图，乃至花边、通栏大字标题等均以木刻作品为之。同时各级报刊报道某次战役中的战斗英雄或者反映某个劳动模范人物事迹时，一般都以木刻作品配上他们的肖像。

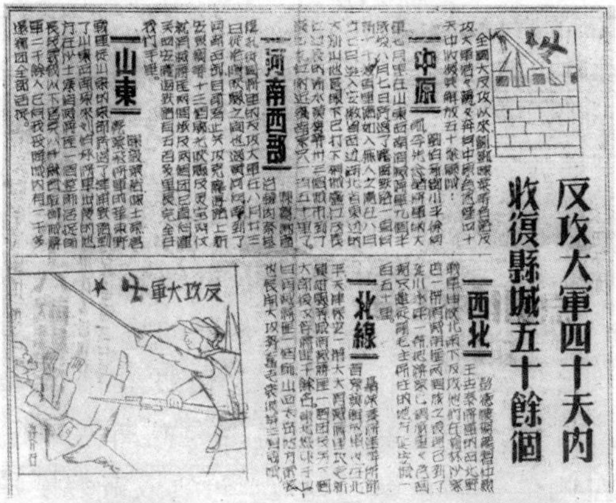
反攻大軍四十天內
收復縣城五十餘個

中原

西北

北線

河南西部

山東

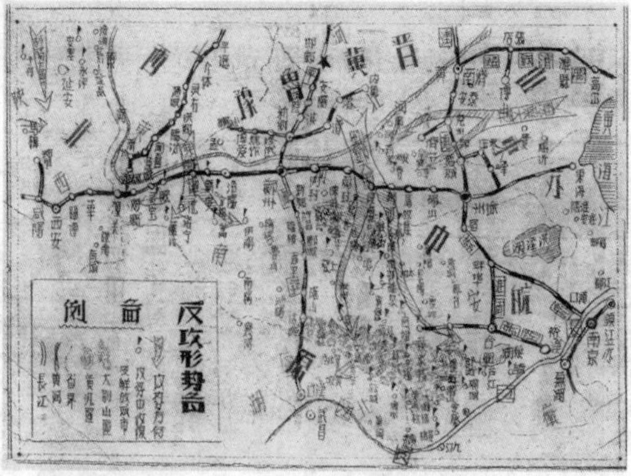

木版刻制的插图、地图

《苏中报》在发表毛泽东《论联合政府》全文时，配上了毛泽东同志木刻肖像。这一时期，毛泽东、朱德、周恩来等中央领导同志及斯大林等苏联领导人木刻肖像经常刊登在《苏中报》上，既活跃了版面，又增加了宣传作用，使党的领袖形象深入人心。成立苏中木刻同志会之后，在赖少其努力下，此时的《苏中报》，实际上已经成为苏中木刻家和爱好者们活动的基地。

苏中根据地创作发表的木刻艺术作品主要有：

《迎接1940》，莫朴创作。一名新四军战士侧身立于画面右半部，扬起的左手与蹬直的右脚紧抵画幅上下边，给人以顶天立地的伟岸感觉。战士右手紧握刺向敌人胸口的钢枪，左脚屈起，猛踩在被刺倒的敌人身上，近旁一门日军山炮侧翻在地。远处火光冲天处，一群战士冲上城墙，与日军展开激战。整幅画面充满紧张、激烈的战斗气氛，仿佛一张用照相机抢拍下来的战场新闻照片，给人以强烈的视觉与心灵震撼。

与《迎接1940》异曲同工、主题相似、构图相类的另一幅正面描写新四军战士英勇抗战的作品是高斯创作的《激战》，画面近景左侧是一名正跃身而起，向敌人奋力投弹的新四军战士背影。身旁战壕内，一名战士伏地瞄准射击。敌人的炮弹在战士们身边爆炸，弹火纷飞。远景处，一群新四军骑兵战士正挥刀跃马，向敌军包围而去。

激战（木刻） 高斯

导淮战斗中的突击队（木刻） 杨涵

《导淮战斗中的突击队》，杨涵创作。画面上一群新四军突击队战士持枪沿着导淮运河大堤向前勇猛冲锋，不远处逶迤的城墙和高高的城楼上升腾起浓烈的烟火，顽敌据守的城垣即将被攻破。

反映新四军苏中军区及一师各旅部队在苏中地区英勇抗战的业绩及其战斗历程，是苏中根据地木刻作品的重要主题，几乎所有在苏中工作的木刻艺术家们都曾经创作过这样的作品，但由于战争环境的严酷，许多作品未能保存下来。高斯回忆，仅他一人这一时期，就在《江潮报》《江海导报》《江海杂志》《文综》等报刊上发表了近40幅木刻作品，既有单色作品，也有不少套色作品。可惜在1948年初，国民党军队袭击盐阜地区，存放在老百姓家中的大量报刊资料都毁于战火。建国后，高斯多方搜集，也只能找到8幅他自己当年的木刻作品。

反映苏中根据地建设、军民鱼水情深，也是苏中木刻作品的重要主题之一。如高斯发表于《文综》第二期的《吴家桥》。画面刻画优美恬静，天空白云悠悠，河中微波荡漾。一座木桥高高横跨村河之上。木刻配以文字：“小车走上大路，渔船靠在河边，年青的姑娘到水踏子上洗衣裳，吴家桥断了八年今天才搭上。”这幅作品以极富苏中农村生活气息与情趣的画面，生动而又含蓄地表达了解放区人民的喜悦心情，断了八年的吴家桥，隐喻了八年的艰苦抗战，今天才搭上，无疑指代人民获得了解放，终于过上日夜盼望的和平舒心的日子。

吴家桥（木刻）　高斯

《到前线去抬伤员》，严学优创作。画面远景是新四军大部队正在行军途中，提示一次大规模战役即将开始。画面主景是一名新四军哨兵正在阻止两名农民过路，因为前面就是火线，很危险。农民手里拿着担架，手指前方，向哨兵说明我们就是要到最前线去抬伤员。人物表情刻画非常生动，特别是两位农民的憨厚、热情，表现得尤为鲜明、突出。

严学优的另一幅表现苏北农民题材的作品是《门前屋旁种庄稼》。茅草屋前，一名农民正在牵牛扶犁耕田，另一位农民用小推车向地里送肥。表现出解放区农民积极生产，利用房前屋后空地抢种庄稼的场景。如同严学优其他的农村题

门前屋旁种庄稼（木刻） 严学优

贺年片·看公榜（木刻） 杨涵

材作品一样，依然富有浓厚的苏北农村生活气息。作品所呈现的这种景象当然只有在解放区和平环境下才能出现。

杨涵创作的木刻《贺年片·看公榜》，则表现了苏中根据地、解放区民主建设这一深刻主题。农村场头茅草屋檐下，一群怀抱手牵着小孩的男女老少村民们正在围观土墙上刚张贴的公布榜。数张大纸上密密麻麻地写满了毛笔字，可能是人名，也可能是数字，总之应该是村里公布的有关村民利益或权益的内容，如缴公粮、出民工、做军鞋，或者选举候选人名单等，从画面上围观村民交头议论的神情可以看出，村民对这一公布内容非常关注。此作十分传神地反映了

根据地、解放区民主建设的生动场景，深刻揭示了劳动人民翻身当家做主人这一主题。

杨涵，浙江温州人，1940年加入浙江省战时木刻函授班，曾在浙南积极从事木刻活动。1943年参加新四军，先后担任《苏中报》专职木刻创作员，《苏中画报》副总编辑。较长时间在苏中根据地工作，为苏中木刻艺术创作的中坚力量之一，创作了大量优秀的木刻艺术作品，如《儿童盘查哨》《新四军进城》等。

《儿童盘查哨》中，两名留着苏中农村小孩常见的“桃儿头”的儿童团员，在民兵大哥的帮助下，抓住了一名企图混进根据地的汉奸特务，正押往村里，远处另外几名儿童团员严守村头岗位。这幅作品黑白对比鲜明，画面极具情节性，人物表情刻画生动，儿童团员的机警、民兵大哥的赞许、汉

儿童盘查哨（木刻） 杨涵

新四军进城（木刻） 杨涵

奸特务的沮丧，均栩栩如生，非常传神，是一幅深受农村群众喜爱的作品。

与《儿童盘查哨》直接表现主题画面的构思方式不同，《新四军进城》则采取了另一种巧妙、含蓄的表现方式。本来应该是画面主体的新四军部队，此画中却只能隐约出现在远景中，而画面主体部分是到街头迎接大军入城的市民群众。人们欢欣鼓舞，奔走相告，涌上街头，夹道欢迎新四军部队入城。画面生动表达了人民群众盼望解放的迫切心情，

以及对子弟兵的热爱情绪。

沈柔坚，福建诏安人，早年学中国画，继学油画，20世纪30年代开始学版画。投身抗战参加新四军后，曾任新四军军部战地服务团绘画组长等职。版画代表作《拉纤者》《拾草》《田野》等均创作于苏中、苏北根据地、解放区。

《拾草》中，彤云低压，狂风肆虐，丛林大树被吹弯树梢，一名老农妇背着一捆拾来的枯草，弯腰顶着寒风回村，身后跟着一个小男孩，或许是她的孙子？瘦弱的小男孩背着一只硕大的草篮，沉重的草篮压得他侧弓着身躯。高大的树木与弱小的人物形象构图形成强烈对比，越加显示出农民在严寒冬天的困苦艰难生活场景，他们每天靠这野外拾来的枯草烧火御寒取暖，度过难熬的一冬。这是画家初来苏北

拾草（木刻）　沈柔坚

田野（木刻）　沈柔坚

时，对苏北农村农民贫困生活的真实记录。

木刻作品《田野》，与《拾草》同为苏北农村景象，但意境却大不相同。这是苏中、苏北抗日民主根据地建立之后的农村景象，与《拾草》完全不同的是，画面天空已经没有了密布的乌云，而是明净的薄云。晴空之下，春回大地。平坦无垠的田野上，农民们正在经过了土地改革后，已经属于自己的土地上精耕细作、辛勤劳动。中景是一坐一站两个农民正在谈

家常。站着的是羊倌，一群肥羊在离他不远的草地上吃草。坐着小憩的则是刚耕完一垄地的犁手，两头牯牛在画面近景处埋头吃草。一条黄狗慵懒地蜷伏在一边。整个画面呈现出一种宁静太平的乡野景致。黑白两色在画家娴熟刀法的运用下，显现出极其丰富的层次，仿佛传统中国画中的墨分五色效果。在苏中、苏北根据地这一时期木刻艺术作品中，《田野》无疑达到了很高的艺术水准，可视为此时期木刻艺术代表性作品之一。

1941年，莫朴创作了反映根据地人民群众在党的领导和发动下，开展减租减息运动的木刻作品《清算图》。画幅中人物众多，大批农民在地主大院内跟地主老财面对面算账。一名穿着破旧黑袄的老农激愤地伸手指着地主的鼻子责问，你多收了我多少租粮？周围的农民都很愤慨，一些外围的年轻人举起了手中的红缨枪为控诉的老农呐喊助威！瘫坐在桌旁的地主老财满脸狼狈，算盘、账簿撒了一地。整幅画面人物虽然众多，但却安排有序，层次分明。人物表情神态不一，个个

清算图（木刻）　莫朴

生动传神，成功表现出清算斗争会上的紧张激烈气氛。

莫朴，早年曾于苏州美专、上海美专、中央大学美术系学习绘画，1940年参加新四军，同年入党，先后任《战斗报》《抗敌报》美术编辑、华中鲁迅艺术学院分院美术系主任等职。1943年，莫朴调任延安鲁迅艺术学院教职。新中国成立后根据抗战期间创作的木刻作品《清算图》及素材，重新创作的大型油画《清算》，成为新中国现实主义油画创作的代表性作品之一。抗战时期，其代表作除《清算图》之外，还有《我们战斗在苏北》《铁佛寺》等。

铁佛寺（木刻连环画选页）　莫朴　吕蒙　程亚君

《铁佛寺》为创作难度较大的木刻连环画，为莫朴与吕蒙、程亚君合作而成。除在报刊上发表之外，还印制订装成便于携带的64开连环画小册子，散发到部队连队，成为部队紧张战斗间隙的文化娱乐生活内容之一，因其反映现实斗争生活的及时性、真实性，加之画面故事情节的连续性、生动性，深受部队官兵喜爱，特别是刚入伍的没有文化的士兵，连环画内容一看就懂，更为喜爱。

连环画木刻作品还有杨涵创作的《郭村战斗》等。

16

油印宣传画，是苏中四分区在艰苦的对敌斗争中首创的一种美术形式。据毛哲民回忆："1942年起，我在苏中四分区。当时，由于处在敌人'扫荡'、'清乡'的环境下，战斗频繁，物资困难，因而不仅是各种文件、图书、表册都要用油印来印刷，就是宣传画也是用油印来印刷的。尽管如此，这些油印的宣传画在对群众的宣传教育和对敌的政治攻势等方面，都曾起到过很大的作用。"

宣传画是宣传、教育群众的很好的工具，苏中四地委宣传部指示，要多创作宣传画，并且要求印制得尽可能精美一些，能为老百姓所喜爱。四分区并没有专业的美术机构和美

生产（木刻） 丁达明

术创作人员，负责文件油印工作的毛哲民等油印组同志就担负起了这一任务，并且充分发挥了油印技术的创造性。此时正逢新年春节，油印组采用人民群众喜爱的传统年画、门神形式，老瓶装新酒，印制了《抗战八仙》《闹元宵》等油印宣传画，深受群众欢迎，大量宣传画贴上农民门板墙头灶间，起到了很好的宣传效果。

首战告捷之后，油印组再接再厉，创作印制了大型的三色套印宣传画《三冬图》，宣传开展“冬防”、“冬耕”、“冬学”活动，版面也由八开扩大为四开，用两张蜡纸对半拼印而成，作为《江海大众》报的画页发行，画面人物形象刻画细致，生动传神，套印色彩绚丽美观，更受群众喜爱。因油印技术条件的限制，这些宣传画大约只印制了四五百份，在数量上远远不能满足群众的需求。

四分区首创的油印宣传画还引起了敌人的注意。敌工部门反映，油印宣传画《三冬图》曾被敌人搜去，在上海的一个展览会上展出。画旁标以诬蔑性文字说明，大意是说共产党新四军不顾人民生活的困难，浪费了如此人力物力来印制这样精美的宣传画。但上海市民听说有新四军的宣传画展出，争相前往观看，看后都赞叹不已。这以后大概敌伪觉得展出反而是替新四军作了宣传，就把《三冬图》撤除了。

四分区毛哲民始创成功的三色套印油印技术，后来传给其他分区宣传部门。三分区《江潮报》运用此技术套色印制报纸彩色插图，效果很好。1944年，油印《江潮报》曾被有关方面带到苏联莫斯科参加展览，传为佳话。

为了配合武装斗争，开展对敌政治攻势，苏中四分区曾经油印了各种伪装的对敌宣传品，这些宣传品形式精美，伪装得很巧妙。如一张伪装的南通江北大戏院的“海报”，上面写着“名角麒麟童”等字样，下面剧情介绍则全是抗日宣传文字。此画以蜡纸磨刻技术仿照石印毛笔书写体印出，几乎看不出是油印的，在南通城内贴了三天，才被敌人发现。

邵宇、吴天石、吴强以及一师三旅敌工部程叶文等共同编绘的套色油印宣传画《古今英雄忠义图》，以关云长“身在曹营心在汉”的三国演义故事编绘成一幅组画，借古喻今，劝说伪军弃暗投明。画面彩色套印，印刷很精致。不少伪军看后很受触动，在战斗中起义投诚。

四分区的油印宣传画还有一些出乎意料的宣传效果，甚至有一些日军士兵把这些精美套色油印画片偷偷地收藏起来。有一次，一个日军士兵在站岗，见一老百姓捡到一张宣传画，连忙上前夺了过去观看。这幅画上面画着一轮月亮，月亮里面有位日本女郎，下面画着一个日军士兵在站岗，最底下有段文字：“你从月亮里可以望见你心爱的娇妻，她也能从月亮中看到你。”这个日军士兵看了又看，不忍撕去，终于私自留下了。

四分区的套色油印宣传画技术也为敌人所叹服。据敌

坚持原地斗争（木刻）　沈柔坚

工科报告，曾经有个据点的日军军官拿了四分区散发的油印《江海报》，到伪区公署把伪方油印员大骂一顿："新四军的大大的，你们的不行不行！"

四分区套色油印宣传画技术传到苏中军区各分区各部队之后，大量油印宣传画被创作出来。1943年秋，大汉奸汪精卫去日本向主子献媚。一旅敌工科高斯用从三分区《江潮报》辗转学来的套色油印技术，创作绘制了一本多达20幅的油印连环画《汪先生游东洋》，订成32开小册子，印制了大约1000余本，散发到敌占区，揭露汉奸们的卖国行径。这份宣传品曾受到苏中军区敌工部的表扬。

油印技术在一旅敌工科对敌宣传工作中被充分运用和发挥，除印制套色宣传画之外，还首创一种"伪装报"，即以敌占区汉奸报纸面目出现的宣传共产党主张和新四军战绩，用以瓦解、动摇敌伪军的伪装报纸。开始所用报名常换，后来固定为《申报》苏北版。《申报》是上海一份历史悠久的大报，汪伪政权建立后，又办了一份伪《新申报》，用这个报名可以不引起敌人注意，能够避过敌伪的搜索，散发到敌占区，便于敌伪军士兵和沦陷区人民传播阅读。除报名伪装外，报纸的标题字形、美术插图乃至广告等均要模仿到位，因此，套色油印技术起了极大的作用。这份伪装报在对敌斗争中起了很大的宣传作用，一直出版到抗战胜利前夕。

一旅敌工科宣传组除高斯、陈明前外，还有一位日本同志香河正男。他是日本东京的一名学生，1940年被征入伍，在战斗中被新四军俘虏。经过一年多的教育，他认识到日军侵华的非正义性，了解到日军的烧杀政策给中国人民造成了极大灾难，思想转变后积极投入反侵略活动。他在宣传组主要负责设计、制作向日军进行攻心宣传的各种宣传品。1943年，香河正男调到苏中日本军人反战同盟支部工作。

苏中战地美术创作除木刻、油印宣传画外，其他美术门类也有不少优秀作品。苏中四分区在反“清乡”斗争中，破坏敌伪封锁线，火烧绵延上百里的竹篱笆，成为震惊一时的壮举。邵宇立即创作了以火烧竹篱笆为题材的素描画《这里是严肃的战斗》，真实再现了军民英勇战斗的场景。

1944年，粟裕亲自部署、指挥车桥战役，取得重大胜利。赵坚创作了木炭画《车桥之战》，记录下战斗最激烈的渡河攻城的战场景象。

1945年，解放兴化战斗结束后，涂克创作了速写《兴化城头》，表现了百姓们在兴化古城重回人民手中后的喜悦心情。苏中公学学生们创作的大型漫画组画《三千军民围攻兴化城》，在刚解放的兴化城内街头展出，吸引了大批市民观看。

兴化城头（1945年解放兴化战后速写）　涂克

1946年春节，新出版的苏皖边区一分区文协分会主办的《文综》杂志封面上，印制了丘晓作画、克文木刻的套色版画《捷报：“中华民国”三十五年　和平实现、民主普照》，画作采用江海平原民间春节张贴的财神形式，财神身前两名招财童子，一人手中举着写有“民主实现”的招子，一人手里拎着写有“民主普照”的灯笼，红蓝黄黑四色套印，整幅画面给人喜气洋洋的美感，表现了人民群众渴望和平民主的美好愿望，是一幅版画艺术与传统民间艺术相结合的“大众美术”的佳作。

苏中抗日民主根据地曾出版多种画刊、画报，如苏中出版社《苏中画报》、韬奋书店《大众画报》、四分区政治部《前锋画报》、二分区《人民画报》、一师三旅政治部《先进画报》等。著名作家阿英《敌后日记》1942年6月10日记载：“三旅《先进》报记者二人来。彼等并携赠三旅政治部编印之《先进》《先进报》《先进画报》等。《画报》内容、编制并佳。《先进》系半月刊性质，系第十八期，后并附订木刻连环画一种，题《一个武装了的乡村》，几十幅，说明铅排，刻手尚不弱，不知出自何人手也。”

抗日战争胜利之后，苏中各分区新华书店均出版发行大量美术作品，主要集中在为解放区人民群众最喜爱的领袖

告别（木刻）　　黎鲁

像与年画等品种上。二分区新华书店印制的毛泽东主席像，绘制尤为精美，对开白报纸彩色套印。《人民报》刊登广告称：书店新年新供献，精印毛主席像，画得比从前好！印得比从前精！

同期《人民报》二分区新华书店广告还有：新出版五彩精印《商士轩翻身连环画》，全套两大张，每张一百五十元。这种连环画实际上是传统条屏年画，因其具有连续故事性，深受农村群众喜爱。创作者利用了人民群众喜闻乐见的绘画形式，以旧瓶装新酒，充分发挥了年画的宣传作用，同时又具有审美功能。

一分区文协分会主办《文综》杂志上曾发表多篇美术论文，主张在美术创作中学习和借鉴民间美术形式，如汪普庆《谈民间艺术形式的利用和改造》、施羽《论绘画的"民

修建运河水闸（木刻）　杨涵

间形式”》等。施羽（史白）在文章中写道：“我们尽可以将‘门神’、‘招财’改装新的内容，我们的子弟兵荷枪实弹很可以当门神，男的织布，女的纺纱可以刻做‘招财’贴到农村里去，至于制作大的壁画，可以依照大寺院画菩萨的方法，用桐油调矿物质颜色来绘制。这些工作，我们随时随地可以找到参考的范例，可以找到极有经验的教师，并且，我们可以发动这些民间艺人，教育这些民间艺人，来普遍地推行‘大众美术’。……我们要我们的作品能给大众所喜爱，必须用大众所喜爱的‘民族形式’，不仅如此，我们还要给予大众‘现实主义的内容’，他们今天所迫切需要的不是山水仕女，也不是菩萨和鬼，他们迫切需要生活斗争的知识，他们迫切需要知道怎样解放自己，因此，我们的创作内容‘是新现实主义的内容’。”

恢复农业生产的一大步骤——导沂（木刻）　周占熊

煅火铁花——文学

18

中国作家左翼联盟，简称“左联”，是中国共产党领导的革命文学界组织，1930年3月2日成立于上海。鲁迅先生是主要发起人之一。新四军东进之后，曾在苏中抗日根据地生活、工作过的“左联”作家有钱杏邨、夏征农、林淡秋、丘东平、彭柏山、孙石灵、李俊民、黄源等，他们在肩负着各自繁重工作任务的同时，坚持文学创作，为苏中、苏北抗日民主根据地的文化建设作出特殊贡献。

1944年，苏中韬奋书店出版了丘东平小说集《茅山下》。

丘东平，广东海丰人，1926年加入中国共产党，次年参加海陆丰起义，起义失败后南下香港，此后与党组织失去联系。1932年加入十九路军，参加上海“一·二八”抗战，并参加“左联”活动，发表文学作品，引起文坛注意。1935年东渡日本，成为“左联”东京分盟领导人之一。

1936年，丘东平在香港创办半岛书店。抗日战争爆发后，参加上海“八·一三”抗战，发表反映“八·一三”抗战的特写《一个连长的战斗遭遇》《第七连》等，描写浴血奋战的爱国军民的顽强性格，具有悲壮的时代色调。1938年参加新四军，在军部办理重新入党手续。此后随军转战大江南北。

1939年10月，丘东平随新四军苏北总指挥部驻海安期间，开始创作长篇小说《茅山下》。此作以新四军江南指挥部开辟以茅山地区为中心的苏南抗日根据地，其间交织着的民族矛盾与阶级矛盾为主线，史诗式描写新四军在战斗中的成长与壮大。

1940年，丘东平任鲁迅艺术学院华中分院教导主任。1941年6月初，新四军代军长陈毅与丘东平谈话，批准给以丘东平创作假。陈毅说："盖文章经国之大业，不朽之盛事，成百上千的战士好找，要想找你丘东平这样的作家不易啊！我希望你写一部反映我们新四军纪念碑式的好作品。"此后，丘东平继续长篇小说《茅山下》的写作。

1941年7月24日，丘东平与鲁迅艺术学院华中分院学员在建湖县北秦庄被日军突袭包围，密集的机枪扫射封锁了唯一的通道桥梁。为掩护学员突围，丘东平壮烈牺牲。

丘东平牺牲后，继任者鲁迅艺术学院华中分院教导主任黄源将其未写完的遗作书稿《茅山下》交给彭柏山保管。彭柏山深感责任重大，他曾形容战友的这部沾满了鲜血的书稿仿佛是一颗炸弹，不知道什么时候会爆炸。上前线，书稿都不敢放在司令部，而是随身背带；急行军的时候，衣服、生活用品都可以扔掉，可是书稿还是紧紧贴在身上。一直到1944年，苏中韬奋书店正式出版了丘东平小说集《茅山下》，彭柏山才如释重负，"于是那颗炸弹在战场上炸裂！"

鲁迅先生对丘东平的作品评价很高，曾将其作品放在三十年代作家的前三名。聂绀弩曾感慨："看了丘东平的小说，我们还写什么小说啊！"他曾经把丘东平称为"中国的陀思妥耶夫斯基”。

苏中韬奋书店出版的《茅山下》为丘东平小说结集，其中长篇小说《茅山下》为作家遗作未完成书稿前五章。

《茅山下》前五章，勾画出了抗战中江南敌后的一幅有血有肉的缩影：这里有战士的艰辛与苦斗，有敌人的凶残与暴戾，也有民众的受难与反抗。敌后的人民武装，就是在这种敌人与国民党内顽固派的两面夹击的深重压迫下，千锤百炼的煅打中，发芽与滋长起来的。如今威震江淮的二十多万的新四军钢人铁马，原来就是在南昌点验的三四千人与破破烂烂的枪支的组合。这种传奇的产生原因，就可以在《茅山下》前五章中找到答案。

除《茅山下》未完稿外，小说集收集了丘东平参加新四军之后，主要是随军东进之后所创作的《两个靖江青年》等短篇小说。其中《把三八式枪夺过来》讲的是：战士用缴获的三八式枪击倒了敌人，也用三八式枪武装了自己。《天凌岗的小战斗》讲的是：由于预备队不明白部署，在侧方暴露了目标，敌人再也不敢过桥了，要把敌人一下全部歼灭已不可能。这次战斗弄得战士们手脚痒痒的，十分的不满足，“妈的准备下次再打呀！”《逃出了反共分子的毒手》讲的是：反共的职业者，缴了一个排的械，又设了陷阱，杀了马营长全家。谈朝宗那个从伪军那里跑到镇江县政府的警察大队长，完成了他毒辣的“杰作”后，又做他的大队长去了。《友军的营长》讲的是：这位友军营长胜利的突围之后，要求新四军将他收留。新四军司令员劝阻他。后来友军把他要了回去，就在专横暴戾的无情的军纪下，执行枪决了。《溧武线上的故事》讲的是：国民党部队与老百姓为敌，敌视群众，惧怕群众的接近。日军加强了溧武路上的封锁。国民党部队陷入困境。新四军支队参谋因为有群众的线索，把国民党部队引导着安然脱险。《两个靖江青年》讲的是：林纪云和曹光吾，他们到黄桥后因为一些误会而反目了。一个月后又在海安遇到，才互相了解，原来他们都分别参加了新四军，穿上了灰布军装。

这些小说几乎都是活生生的事实，丘东平把它忠实地反映出来，记录下抗战时期血与火熏染的痕迹。著名文艺理论家胡风评说：丘东平抗战时期的作品是"英雄的诗篇"。

19

1940年10月黄桥决战之后，国民党地方实力人物李明扬、陈泰运提出在新四军和他们的防区之间建立一支中立的部队，作为他们和新四军防区之间的缓冲，并建议由黄逸峰出面组织。新四军苏北指挥部总指挥陈毅为消除李明扬、陈泰运对新四军的疑惧心理，争取、团结友军共同抗日，接受了李、陈的建议。

中共地下党员黄逸峰，公开身份为国民党战地党政委员会少将设计委员，正在苏北考察军政工作。经八路军重庆办事处叶剑英介绍，黄逸峰由陈毅直接领导。

1940年10月10日，苏鲁皖边区游击总指挥部直属纵队、鲁苏战区游击指挥部第三纵队联合抗日司令部（简称“联抗”）在曲塘成立。黄逸峰任司令员，李俊民任副司令员。

1941年5月，彭柏山调任“联抗”部队政治部主任。

是年暑假，原在海安成达中学任教的孙石灵参加“联抗”部队，出任《联抗报》主编。

至此，仅数千人的“联抗”部队集结了三名曾经很有影响的“左联”作家：李俊民、彭柏山、孙石灵。

彭柏山，湖南茶陵人。1929年就学于上海江湾劳动大学政治经济系。1931年因参加学潮被开除学籍。同年参加左翼作家联盟所属文艺研究会。1932年去湘鄂西参加革命活动，曾任《湘鄂工人报》编辑、红军第三军政治部宣传科长。1933年回上海，次年任“左联”大众教育委员会书记。后被捕。1937年获释。任中共江苏省委组织部干事、职工委员会书记。1938年后到皖南,历任新四军政治部民运部科长等职。

1933年后在上海期间，彭柏山开始小说创作，根据湘鄂西苏区那段刻骨铭心的斗争生活体验，他写出了中篇小说《崖边》，并拿给胡风过目。胡风看后，对这篇小说的评价是：这是一篇真实反映苏区斗争生活的作品，上海没有作家写过。以前虽然也有人写过这类题材的作品，但那都是凭空虚构的，不像彭柏山这样有扎扎实实的人物和细节。随后，胡风把小说推荐给了鲁迅先生。鲁迅看过后，直接把它推荐给了杨骚。1934年6月，杨骚在其主编的《作品》杂志创刊号上，以头条位置发表了《崖边》，发表时署名冰山。

由于没有工作，彭柏山生活极度贫困。鲁迅先生得知后，嘱咐胡风从每月的“左联”工作经费里提取几块钱作为彭柏山的生活费用。不久，鲁迅先生请10位“左联”青年作家吃饭，彭柏山就是其中一位。

在鲁迅先生的关心和指导下，彭柏山连续创作了《忤逆》《夜渡》等小说，在上海文学界产生积极影响，受到广泛关注。特别是《崖边》，被誉为当时中国现代文学史上“较早反映苏区人民斗争生活的写实篇章之一”。是年9月，茅盾在大型文学杂志《文学》的“书刊评述”栏里，对近期较有影响的作品进行评述，《崖边》也在其中。茅盾写道：“这是用了严肃的笔调，写了一件严肃不过的事情。冰山好像是新人，他这一篇实在写得不坏。”

1936年6月，日本改造社社长山本彦实到中国来，作为文化交流，要求中日两国“交换彼此的创作”，请鲁迅先生给予推荐作品。《崖边》被推荐后，在日本《改造》月刊再次发表。同年8月，巴金主办的文化生活出版社编辑“文学丛刊”，为青年作家出书。得到巴金认可，胡风把《崖边》及彭柏山已经发表的几篇小说收集起来，以《崖边》为书名结集出版。

彭柏山任新四军政治部民运科长之后，在军党委机关报《抗敌报》上辟了不定期的副刊《文艺》，所发作品多是反映新四军各战场和敌后斗争的事迹。为培养新生力量，他经常是凑着油灯改稿到深夜。《文艺》共编发了6期。每出一期，他都寄给胡风，由胡风在重庆刊物《七月》上再次刊出。这一时期，彭柏山在民运科紧张工作的同时，自己也挤时间创作了《晚会》《岔路》等小说，以及《我对写作的学习》等散文随笔，发表于重庆《七月》。

“联抗”部队是在中国共产党的统一战线政策下组成的抗日军队，部队组织成分复杂。彭柏山深知政治部主任一职在这支部队中代表党担任政治领导的特殊作用。复刊《联抗报》、创刊《战士报》（周刊）要以提高部队政治素质为中心任务，是他上任之后很短时间内作出的决定。两报每一期社论，均由他亲自撰写。

彭柏山铭记鲁迅先生的名言：“文艺是国民精神所发的火花，同时也是引导国民精神前途的灯火。”他与副司令员李俊民一起创办了16开油印文艺刊物《文学者》，这是当时苏中抗日民主根据地最早创办，也是唯一的大型文艺刊物。彭柏山在《文学者》发表了《郭猛同志》《两代》等作品。

1943年，联抗部队编入新四军序列。彭柏山调任苏中军

牛印　　芦芒 刻

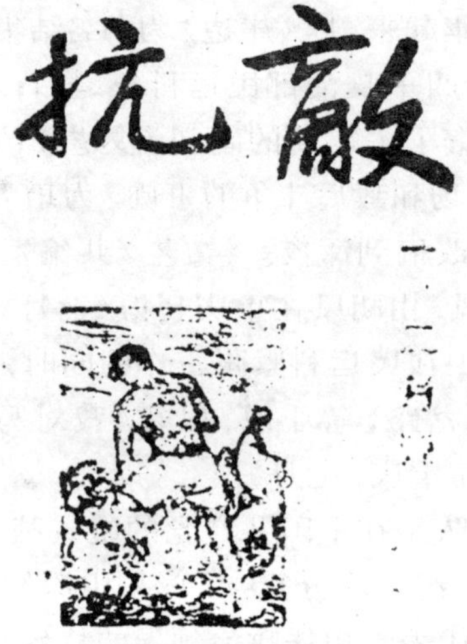

新四军《抗敌》杂志

区二分区政治部主任、苏浙军区一纵队一支队副政委。解放战争期间，历任华中野战军六纵48团政委、第三野战军16师副政委、24军政治部主任、副政委等职。作为高级指挥员之一，潜心文学构思与创作当然是不可能的，但在戎马硝烟中，依然不能忘情于文学，战斗间隙也写些零星的文字。鲁迅先生逝世7周年前夕，彭柏山写了《鲁迅的启示》，在《苏中报》发表。

亲身参与的火热的战斗生活积累，促使彭柏山文学创作的欲望愈加强烈。他一直在孕育着一部史诗般的长篇小说。这部小说以1946年苏中战役中，粟裕将军指挥华中野战军英勇迎战全部美式装备、数倍于己的国民党进攻解放区军队，取得“七战七捷”的辉煌胜利为宏大背景，通过华中野战军一个主力团——“老虎团”的战斗活动，以及与苏中黄桥地区老百姓的血肉联系，既展现出这场战争的波澜壮阔，也表现出人民与军队的鱼水关系，说明战争的胜利取决于人民的支持。书名即为《战争与人民》。

长篇史诗小说《战争与人民》，彭柏山从1946年开始构思，1955年因胡风案牵连入狱，1956年底出狱后开始写作初稿，1966年“文革”初期，彭柏山在河南农学院修改完稿，前后历时20年。他把这部经过六次修改，34万字的长篇小说书稿用工整的毛笔小楷誊清，用布包好，邮寄给了在上海的妻子朱微明。书稿寄走后三个月，彭柏山被造反派残酷批斗致死。

“文革”结束后，文学刊物《清明》选载了《战争与人民》部分章节。1981年，人民文学出版社出版长篇小说《战争与人民》。

赖少其赋诗《悼彭柏山同志》：“江淮河海曾饮马，扬鞭抽剑斩恶来。忠良为国遭横祸，清酒一杯祭灵台。文坛宿将留遗作，繁华织锦辛勤栽。我向浩天三祝酒，春风吹到百花开。”

李俊民，联抗部队“左联”三作家之一，时称“才子司令”。

李俊民原名李守章，以字行，南通西亭人。早年参加革命。1928年在上海任中共团中央宣传部秘书期间，受郁达夫鼓励，开始文学创作，短篇小说《哑钟的破碎》《秋之汐》由郁达夫推荐给鲁迅先生，在其主编《语丝》《奔流》上发表。短篇小说《寒宵》在郁达夫主编《大众文艺》上发表。李俊民来自革命斗争第一线，对工农革命比较熟悉，大革命失败后，又接触了不少知识分子，所以在其小说中热情歌颂了工农革命，对小资产阶级的革命动摇性和失败后的颓废心态作了比较深刻的反映与揭示。这些小说得到了鲁迅先生的赞扬与赏识。1929年，李俊民将这些作品辑成小说集《跋涉的人们》，由鲁迅先生交给北新书局出版。

1930年，李俊民参加了北方“左联”，担任秘书长。这一年，鲁迅在《我们需要批评家》一文中说：“这两年里，虽然没有极出色的创作，然而据我所见，印成本子的，如李守章的《跋涉的人们》，台静农的《地之子》，叶永蓁的《小小十年》前半部，柔石的《二月》及《旧时代之死》，魏金枝的《七封信的自传》，刘一梦的《失业之后》，总还是优秀之作。”将李俊民的小说排在首位，可见鲁迅先生对他的看重。

1934年至1935年间，李俊民在济南齐鲁大学任教，经常在山东《国民日报》副刊《未央》发表文学作品，后又接受编辑《未央》周刊。

1937年，抗日战争全面爆发后，李俊民回到故乡南通。

1939年底，新四军东进，开辟华中抗日民主根据地。李俊民在泰州任鲁苏皖边区游击总指挥部总指挥李明扬秘书时，开始接触到新四军代表，并结识了中共地下党员黄逸峰。“这才看到了曙光，醒悟到如果没有新四军，我们必将一事无成。”

“联抗”部队组建后，李俊民受司令员黄逸峰之邀，投笔从戎，出任“联抗”部队副司令员。

联抗部队组建初期，李俊民即筹建联抗报社，出版《联抗报》，并兼任社长。《联抗报》社论，多半由李俊民亲自撰写，直至彭柏山任政治部主任之后，才由彭柏山撰写。文学刊物《文学者》也是在李俊民的支持下，与彭柏山、孙石灵共同创办起来的。

联抗部队编入新四军建制后，李俊民调任苏中四分区专员公署主任秘书。1945年12月，李俊民任中共华中分局一地委宣传部长。

苏皖边区华中文化协会成立之后，各分区相继成立分会。李俊民兼任一分区（原三分区、四分区合并为一分区）文协分会主席。一分区文协分会成立后，即创办大型综合性文艺刊物《文综》，李俊民任主编。《文综》创刊号上，李俊民除以编辑部名义亲自撰写《发刊词》，宣示为民主而斗争的办刊宗旨外，还以李守章的本名发表长篇专论《中国的文艺新军在解放区里》，正确估价了解放区文艺新军的培植与成绩，并提出今后的努力方向。

在《文综》全部六期中，李俊民还以式微的笔名发表了专论《论军队属于国家也属于人民》，以及《论祭扫与复员》《论“钦定”的报纸的言论自由》等多篇杂文，笔锋犀利，析理精辟。

《文综》编辑有丘晓、史略、任何、章品镇等人。丘晓、史略后调走，章品镇则自始至终任编辑职。

《文综》吸引了大批朝气蓬勃、才华横溢的青年作者，如写小说、散文的夏阳、任何、章品镇、史略等；写诗歌的白夜、施羽、白得易、夏理亚、刘谷风等；写政治、经济时评论文的何干之、施平、孙海夫、邓克生、何晴波、汪普庆等。发表音乐作品的有沈亚威、张锐等。为《文综》设计封面、绘制插图的有丘晓、高斯、杨涵、李正平、蔡雄等。这些作者新中国成立后大多成为著名作家、音乐家、画家，或担任省市各级宣传、文化、艺术部门领导。

《文综》第二期

《文综》所刊发文学作品中如汪蓁子的《冬夜小景》，马力的《医务员王立本的两个故事》，谢云的《记翻身大会》，章品镇的《程鹏和》，任何的《敌后散记》等，都富有很强的艺术感染力。

《文综》主要在华中解放区发行，亦有少部分运往上海等蒋管区发行。著名作家阿英1946年10月4日《敌后日记》："归途，至新华书店门市部，买《文综》4—6三期。"1946年8月，国民党军队向华中解放区进攻，内战爆发。《文综》被迫停刊。

新中国成立后，李俊民长期担任上海古籍出版社社长，为新中国图书出版事业作出毕生贡献。

联抗部队中第三位"左联"作家孙石灵，江苏响水县人。1931年春，考入上海中国公学，1932年秋，又进上海暨南大学就读。入学不久，边读书边创作的孙石灵就加入中国左翼作家联盟。著名的《码头工人之歌》即出自孙石灵笔下：

> 从朝搬到夜，从夜搬到朝，眼睛都迷糊了，骨头架子都要散了。搬哪！搬哪！唉依约嗬！唉依约嗬！笨重的麻袋，钢条，铁板，木头箱，都往我们身上压吧！为着两顿吃不饱的饭，搬哪！搬哪！唉依约嗬！唉依约嗬！成天流汗，成天流血，在血和汗的上头，他们盖起洋房来！搬哪！搬哪！唉依约嗬……

1934年，聂耳与田汉创作歌剧《扬子江暴风雨》，选用了孙石灵这首《码头工人之歌》，经聂耳谱曲，成为与《毕业歌》《大路歌》齐名的20世纪30年代歌曲经典名作。

1935年，孙石灵从暨南大学毕业，受到暨大文学院院长郑振铎及龙渝生等教授赏识，留校任教。这期间，孙石灵创作发表了大量中短篇小说、剧本等文学作品。1938年起，孙石灵主要写作激发人民抗日热情与揭露汪伪叛国投敌罪恶行径的富有战斗性的杂文。

太平洋战争爆发之后，暨南大学从上海沦陷区南迁，孙石灵来到江北海安，任教于私立成达中学。1942年暑假，孙石灵被李俊民、彭柏山邀请到联抗部队政治部，主编文学期刊《文学者》。

海安成达中学与进德中学两校高中部合并成立紫石联合中学（江苏省海安高级中学前身），孙石灵被聘任联中校长。

1952年，孙石灵调华东文联任职，与巴金等九人组成编委会，筹办《文艺月报》。1955年，孙石灵调任上海文艺出版社任副总编辑，不久因病辞世。1958年，上海文艺出版社出版《石灵文集》。

孙石灵主编联抗部队《文学者》期间，从来稿中编发朱微明等青年作者的多篇文学作品，如短篇小说《女犯》《抢枪》等。据朱微明回忆："这个刊物影响很大，投稿者大都是爱好文艺的青年，作品多发映敌后斗争的新人新事……"朱微明短篇小说《抢枪》，即以苏中四分区三余镇民兵王文

火烧震东市（木刻）　　蔡雄

柏夺枪事迹为题材：

> 三余区的民兵王文柏，从来没有打过枪，平时打鬼子，杀汉奸，惯用一把磨得精光、锐利的小钎子。可是王文柏却朝思暮想要缴敌人的枪，想得发了疯，老是自言自语：
>
> “什么时候，我能发发洋财，缴敌人一支枪使用呢？”
>
> 有一次，另一个民兵听他这么嘀咕，就讽刺说：
>
> “镇上有的是枪，你自己扛去。”
>
> 这虽是一句玩笑话，但王文柏睡在床上，仔仔细细揣摩了这句话。天一亮，他独自上三余镇上去了。

简洁的素描式的开篇，即把一个很想得到一支枪的民兵形象描写刻画得活灵活现，并且极富鲜明独特的人物个性。只有在火热的现实斗争生活中才能捕捉到这些生动的人物典型形象。李俊民、彭柏山、孙石灵三位“左联”作家主编的这份《文学者》办刊宗旨以及所编发的作品概况，从朱微明《抢枪》中便可窥一斑。

运送公粮支援前线（木刻）　李振平

20

苏中区党委机关报《苏中报》文艺副刊《现实》发表了大量小说、散文、诗歌作品，发现、培养了一批青年作者，许多新中国成立后在文学界有影响的作家的处女作均发表于《苏中报》副刊，如胡石言、茹志鹃等人。林淡秋任《苏中报》总编辑。

林淡秋，浙江三门人，曾就学于上海大学英文系。1930年在上海从事文学创作和翻译。1935年参加左翼作家联盟，并任常委和组织部长。1936年加入中国共产党。抗战爆发后参加上海文化界内地服务团，前往苏浙等地进行抗日救亡宣传活动。参与编辑《译报》《文学与戏剧》、报告文学集《上海一日》等。这一时期主要译著有：斯诺及其夫人所著《西行漫记》《续西行漫记》，苏联电影剧本《列宁在一九一八》，以及英、俄等国长篇小说多部。著作有短篇小说集《黑暗与光明》、散文集《交响》等。1942年，林淡秋到新四军苏中抗日民主根据地工作，先后任《抗敌报》编辑、《知识青年》主编、《滨海报》社长、《苏中报》总编辑等职，直至1945年秋奉命回上海，编辑苏联塔斯社创办的中文《时代日报》《时代》杂志。

林淡秋为《苏中报》副刊定名《现实》，其办刊宗旨及意图一目了然，即动员、鼓励作者创作反映火热的现实斗争生活的文学作品，以鼓舞和激励军民的抗战热情与战斗士气。《苏中报》副刊《现实》所编发作品绝大多数是这一类型题材作品，连这些作品的标题都是能让读者一目了然的充满着战斗气息的文字，如《破击大队》《重机枪》《小号兵》等。

茹志鹃在《苏中报》副刊发表了她的第一篇文学作品《一个女学生的遭遇》，从此开启了她为之贡献一生的文学事业之门。茹志鹃的处女作跟当时常在《苏中报》发表作品的女作者朱微明在写作风格上明显不同。朱微明因其报社记者身份，接触实际生活更多，因此作品多反映激烈的现实斗争，如《抢枪》等。而茹志鹃则偏重于自己学生生活的回忆，文字也显得细腻柔和。这种写作风格一直延续到新中国成立后她所创作的优秀短篇小说《百合花》。

茹志鹃，1942年毕业于浙江武康县中学。1943年在上海颐生小学任教，同年参加新四军，入苏中公学学习，参加大型话剧《甲申记》演出，饰演长平公主。后历任苏中军区前线剧团演员、组长，华东军区文工团分队长、创作组副组长等职。1951年创作话剧《不拿枪的战士》。1955年转业到上海，任《文艺月报》编辑。

茹志鹃取材于苏中战地生活的短篇小说《百合花》发表于1958年《延河》第3期。小说用第一人称写成。“我”和十九岁的通讯员来到前沿包扎所后，分头去向老百姓借被子。通讯员向一个新媳妇借被子未成，空手而归。后来在“我”的帮助下，终于从新媳妇处借了一条枣红色底子上面洒满了白色百合花的新被子。取被时，通讯员的衣服在门钩上挂破了。新媳妇取来针线要给他缝上，通讯员高低不肯。战斗打响后，新媳妇来到包扎所护理伤员。通讯员上了前沿阵地。半夜时分，担架队抬来了已经牺牲的通讯员。原先忸怩羞涩的新媳妇，这时解开通讯员的衣服，庄严而虔诚地为他擦拭身子，并为他细细地、密密地缝补挂破的衣服。最后将自己唯一的嫁妆，即那条象征着纯洁感情的百合花被子，盖在年轻的通讯员身上下葬。作品通过“借被”、“盖被”的细节描写，歌颂了军民血肉相连的真挚感情。小说结构严谨，风格清新，细腻抒情，在军事题材写作中具有创新突破意义。

茹志鹃《百合花》的成功，源自她在苏中根据地的战斗生活积累，处女作《一个女学生的遭遇》在《苏中报》副刊的发表，也给她这种多少有些另类的写作风格给予了肯定。在《一个女学生的遭遇》中，茹志鹃已经初步展现了她善于以小见大地截取和表现生活，长于细腻描绘女性的精神世界，色彩淡雅柔和的写作风格。《百合花》就是这种独特风格的成熟体现。

另一位从《苏中报》走出的小说家是石言，浙江平湖人。1942年从上海政法学院肄业后参加新四军，历任新四军连队文化教员、编辑、宣传干事、代理营教导员、科长等职。

1944年3月，石言在《苏中报》发表短篇小说《子弹》。小说描写七班战士冯岗在战斗中缴获敌人一支三八枪和33发子弹。按规定，这些子弹应该交公，但冯岗却把它藏在草堆里。现在，这些子弹成了冯岗心中的石头了。经过激烈的思想斗争，冯岗最终将子弹上缴。指导员后来向营部请示，从上交的子弹中返还分发给冯岗20发子弹。一次遭遇战中，冯岗一人以这20发子弹牵制住偷袭的敌军，为战友们赢得时间，完成对敌人的包围，取得战斗胜利。小说最后写道：冯岗喘着气，放下枪，看见从旁边冲上去的同志，愉快的摸摸通红的流着血的肩膀，觉得骨头还没有断。他想："回去，我要告诉指导员，我的救命子弹已经打完了！"

小说的艺术价值在于对冯岗这名新四军战士极其生动的心理刻画描写。面对这些从未上过膛的底火崭新的子弹，这名战士在藏与交之间犹豫两难的复杂心理，以及上缴之后又重新获得这些子弹的欣喜与热爱程度，作者通过细节描写得栩栩如生。同样是一篇以一次战斗为题材的小说，明显区别于或高于同类型作品的正是作者对主人翁的生动的性格刻画与复杂的心理描写。与茹志鹃一样，石言从《苏中报》发端的这一小说写作风格，也延续到了新中国成立后的小说创作之中，1950年发表的中篇小说《柳堡的故事》是其代表性作品。

《柳堡的故事》以发生在新四军苏中军区二分区宝应县留宝头村的真实故事为原型。有一次，胡石言下连队，二连通讯组长、副班长，18岁的徐金林悄悄告诉他一个秘密，他和留宝头村里一位长辫子姑娘好上了，但他要随部队南下，等打败日本鬼子再谈个人的事。1945年9月，徐金林在苏南宜兴丁蜀山战斗中不幸牺牲。小说《柳堡的故事》即描写新四军的一个连队在柳堡村整训期间，四班副班长李进住在田家，爱上了田家姑娘二妹子，但这是部队纪律所不允许的。指导员对李进进行劝阻，连部还为李进调换了住房。但李进和二妹子恋情难以割断，彼此都很留恋。

部队结束整训离开柳堡村后，伪军中队长要强娶二妹子，派人将她抢走。部队闻讯立即营救，李进救回了二妹子，两人更加相爱。部队又将远征，李进克服了感情上的痛苦，随部队南征。五年后，已担任连长的李进和成为地方干部的二妹子，终于在运粮船上幸福地相会。

小说以优美抒情的笔调，通过新四军战士和农家少女相恋的故事，表现了战争年代革命战士克服个人感情，一切以革命利益为重的优秀品质。1957年，八一电影制片厂根据石言小说改编为同名电影剧本拍摄上映，受到观众热烈欢迎，电影插曲《九九艳阳天》风靡全国，传唱至今。

21

“左联”作家中战斗在苏中抗日民主根据地的还有夏征农、吴强等。

夏征农，江西丰城人，1927年参加中国共产党。1930年出狱后在共青团中央宣传部工作。1933年发表小说《禾场上》，同年参加左翼作家联盟。此后陆续写作《春天的故事》《结算》《萧姑庄》等十几篇农村生活小说，用现实主义创作方法表现了地主豪绅对农民的压榨和剥削以及农民的反抗和斗争。1938年参加新四军，先后任教导总队政治主任教员、军政治部统战部副部长、民运部长等职。任苏中公学教育长期间，在培养大批优秀革命人才的同时，在戏剧事业上也作出重要贡献。夏征农与沈西蒙、吴天石合作编剧的五幕话剧《甲申记》是其代表作之一。因倡议并领导苏中公学师生排演苏联话剧《前线》获得成功，以剧组为班底成立的“前线剧团”，成为中国人民解放军南京军区前线文工团前身。

吴强，江苏涟水人。历任新四军政治部宣教部干事、科长，苏中二分区政治部敌工科副科长，华中野战军六师政治部宣教科长，华东野战军纵队、兵团宣传部长，华东军区文化部副部长等职。

吴强1933年开始文学创作，同年在上海参加左翼作家联盟。抗战爆发后，以吴蔷、叶如桐等笔名在上海《大公报》和茅盾主编《文艺阵地》上发表反映抗战生活的短篇小说《激流下》、散文《夜行》等作品。1937年与王阑西、姚雪垠一起创办抗日救亡刊物《风雨周刊》，把自己的文学事业与国家命运、民族解放紧密相连，1938年8月，吴强在皖南泾县参加新四军。

吴强参军后为适应现实斗争及宣传教育工作需要，文学创作方向转向戏剧，作品有独幕话剧《一条战线》《激变》《皖南一家》，多幕话剧《繁昌之战》等。与徐平羽、林果、王于耕合作的三幕话剧《丁赞亭》曾由苏中根据地多个部队剧团上演。1946年，苏中韬奋书店出版该剧，书名改为《逮捕》。在四分区工作期间，吴强只身进入栟茶伪军师长徐容驻地，与其面谈，进行策反工作，后来吴强根据自己这一亲历事件，写成报告文学《虎穴对话》。1949年所作报告文学《英雄的业绩》，迅速报道了淮海战役的历程，后改名为《淮海前线纪事》出版。

1952年，吴强转业，任作家协会上海分会代理党组书记、书记处书记、副主席等职。1957年，出版长篇小说《红日》。以涟水、莱芜、孟良崮战役为背景，反映解放战争初期苏北、鲁南战场概貌，从一个侧面真实反映了中国人民解放军从战略防御向战略进攻的伟大转折，成功塑造了军长沈振新、连长石东根、敌师长张灵甫等鲜明生动的人物形象，结构缜密完整，语言生动活泼，情节引人入胜，是军事文学优秀作品之一，也是吴强文学创作代表性作品。小说由天马电影制片厂摄制成故事片后，风靡全国。

“文革”结束后，吴强出版第二部长篇小说《堡垒》。这部小说以抗日战争期间，苏中根据地四分区军民英勇的反“清乡”斗争为题材，真实记录了那一时段苏中根据地军民顽强抗敌的可歌可泣的英雄事迹。这是吴强对曾经战斗过8年的苏中江海平原及苏中父老乡亲的回报。

苏中根据地文学创作队伍中的小说作者还有夏阳、任何、冯岗等人。

夏阳，原名李进，泰州海陵人。1939年参加革命，历任中共如泰县委宣传部长、海曲白工委组织科长、泰县县委宣传部长、紫石县委宣传部长等职，新中国成立后任江苏省文化局局长、省文联党组书记、《雨花》杂志主编、省文联主席等职。1940年后，在从事党政工作的同时，坚持业余文学创作，在苏中、华中地区《江潮报》《苏中报》《江海报》《文综》《江海杂志》《新华日报华中版》等报刊发表小说、诗歌、散文、杂文、评论等文学作品。

1948年，夏阳开始创作长篇小说《在斗争的道路上》。1950年初，《在斗争的道路上》由新华书店华东总分店出版，成为新中国成立后江苏省出版的第一部长篇小说。小说以解放战争初期苏中局部地区的斗争生活为背景，叙写了1946年7月国民党破坏和平，制造内战，向苏中解放区发起进攻，我解放区军民被迫自卫反击，展开武装斗争和政治斗争的历程。小说生活原型地选择了作者曾较长时间工作生活过的海安东部李堡地区，全书开篇首句就引用了当地民谣："李堡人生得苦，出门就走九个四十五。"意指李堡地距周边市镇如皋、海安、三仓等九地均约四十五里之遥。有评论认为，《在斗争的道路上》用小说这种形式，向全国人民回答了"中国共产党怎样领导人民进行革命斗争，取得伟大胜利"这样重大严肃的问题。

1959年，夏阳创作了电影文学剧本《红色的种子》，由江苏文艺出版社出版。后与顾尔谭、俞介君合作改编为同名锡剧，由江苏省锡剧团上演，影响较大，后拍成戏曲艺术片上映。

任何，原名施子阳，江苏启东人。1931年在中国共产党地下组织领导下，参与了镇压恶霸地主的斗争，后被国民党追捕判刑，关进苏州监狱。1937年出狱。在狱中，施子阳创作短篇小说7篇，设法寄给著名作家茅盾。这些小说后以《伟大的教养》为书名出版，署名任何，为《新地文学丛书》第

苏南新华书店印行的赵树理小说《李家庄的变迁》

二种。作家巴人称此书是“一笔笔细致写下的血债”，体现了“一种不能用剑来完成时却用笔来完成它的坚韧精神”。

新四军东进后，任何到苏中四分区文艺协会编辑《江海文化》，1941年底调任海启行署文教科科员、督学。1945年春在苏中四分区文教处任主编、编审室主任，同年4月加入中国共产党。1946年任苏皖边区一分区《文综》杂志编辑，并以任何等笔名发表文学作品，如《敌后散记二章》等。

新中国成立后，施子阳历任中共松江地委宣传部长、江苏省委宣传部文艺处副处长、省文联秘书长、《雨花》杂志主编等职。

冯岗，江苏无锡人。1941年在上海《少年生活报》任编辑，后赴苏中参加新四军。历任新四军一师一旅《斗争生活》、华中《新华日报》副主编，新华社苏中分社、华中总分社副社长等职。小说代表作有《火烧震东市》《英雄牌》等，1948年2月华中新华书店出版冯岗小说集《火烧震东市》。新中国成立后，冯岗任上海《解放日报》副总编、上海市文联副书记、副主席。

22

1940年10月9日，新四军苏北指挥部机关及直属部队在陈毅率领下，移师海安。11月7日，刘少奇和八路军南下支队黄克诚到达海安，与陈毅、粟裕一起研究苏北形势，共商建立苏北抗日民主政权等问题。在刘少奇直接指导下，11月15日在海安镇召开了苏北临时参议会。出席会议的共有十四个县的代表380人。陈毅在会上作了重要报告，阐述了中国共产党提出的施政纲领，强调指出了抗日民主政权的性质和任务，得到与会代表的热烈拥护。这次会议通过了《施政纲要》，成立了苏北临时行政委员会。

为了保卫和巩固、发展华中抗日根据地，从八路军、新四军已经会师的实际情况出发，中央书记处决定成立八路军、新四军华中总指挥部。11月17日，“华指”成立大会在海安镇西寺召开。刘少奇宣布了中央军委决定：叶挺任总指挥，陈毅任副总指挥（在叶挺未到江北前，代理总指挥），刘少奇任政治委员，赖传珠任参谋长。

华中抗日民主根据地的创建，八路军、新四军南下东进部队的胜利会师，十年未见的革命战友的重逢，激起将军诗人陈毅充沛的诗情，在其驻地韩公馆西花厅内欣然命笔：

与八路军南下部队会师，同志中有十年不见者

十年征战几人回，

又见同侪并马归。
江淮河汉今谁属?
红旗十月满天飞。

陈毅此诗，应为中国革命史诗中的辉煌一节，胜利的喜悦、革命的豪情、宽阔的胸襟、雄浑的气魄，充盈诗句字里行间，既是记录新四军创建苏中、苏北革命根据地英勇业绩的开篇之作，也是中国传统格律诗词中军旅诗的继往开新之作。

陈毅是中国共产党军队将领中有名的儒将，早在青年时期于北京中法大学求学期间就曾加入文学研究会，并创作发表多篇小说、诗歌作品及法国文学翻译作品。所谓“将军倚马吟”中的“将军”，陈毅当是。陈毅尤以军旅诗著称于中国诗坛，其中写于20世纪30年代红军赣南游击队期间的《赣南游击词》中的《梅岭三章》，堪称军旅诗绝唱，一些诗句如“此去泉台召旧部，旌旗十万斩阎罗”、“后死诸君多努力，捷报飞来当纸钱”等，惊天地，泣鬼神!

在开辟苏中、苏北抗日民主根据地过程中，陈毅的诗词创作在贯彻执行党的统一政策中起到了很好的作用，与苏中、苏北一些很有影响力的地方开明士绅、民主爱国人士如黄桥朱履先、海安韩国钧、盐城杨芷江等人多有诗词唱和之作。新四军重建军部于盐城后，陈毅倡议，成立“湖海诗社”，吸引团结了一大批地方民主人士。

新四军苏北指挥部驻海安期间，陈毅与海安前清举人、曾两任民国江苏省长的韩国钧先生私交甚好，曾谓“余移师海安，与韩宅比邻，斟酒论文，接席无虚日”，其间诗词唱和楹联互赠之作甚多。初通音问时，韩国钧赠联云:

注述六家胸有甲，
立功万里胆包身。

陈毅旋以一联回赠：

杖国抗敌，古之遗直；
乡居问政，华夏有人。

黄桥决战之前,韩国钧曾多次发起召开苏北各方和平抗日座谈会，呼吁停止内战，团结抗日，但遭到国民党顽固势力抵制。黄桥决战之后，韩国钧对顽军破坏抗日团结，肆意制造摩擦的行为深表愤慨，复赠陈毅一联：

天心已厌玄黄血，
人事难评黑白棋。

韩国钧此联含义深刻。1940年，当新四军东进向苏北发展，遭到国民党顽固势力韩德勤的武装压制时，韩国钧表现出矛盾与两难：一方面，从阶级利益出发，他希望保全韩德勤的势力；一方面，从抗战利益出发，他反对向新四军制造摩擦。新四军坚持抗战，坚持团结，坚持进步，打开苏北抗战的胜利局面，并以自卫作战粉碎了韩德勤的军事进攻。事实使韩国钧受到教育，他用此联表明了自己认识上的提高。上联乃言韩德勤之流消极抗日，积极反共，专事摩擦，残害人民，如此倒行逆施连苍天也感到厌弃，遭到惨败是不奇怪的。下联则是说他自己在一段时间内对韩德勤和新四军都缺乏正确的认识，因而很难对双方斗争的是非、胜负做出正确的判断。在这里，韩国钧实际上是做了自我批评，同时流露出他对共产党和新四军的钦佩之情。

陈毅迅即回赠七绝一首，向韩紫石先生表明了新四军合作抗日的决心：

山河破碎思前事，
抗日合作看精诚。
丈夫一怒安天下，
横刀跃马取东瀛。

陈毅移师盐城后，韩国钧隐居于海安徐庄乡下，被日伪追踪，逼其出任伪江苏省长，韩国钧誓死不从，病故于敌伪围禁之中。新四军军部及苏北党政机关隆重举行韩紫石先生追悼大会。陈毅亲撰挽联：

贤哲云亡，念江淮危局，藐藐吾怀若有失；
民心未死，忆商山故迹，悠悠君恨不难平！

陈毅作七律《闻紫石翁陷敌不屈而死诗以赞之》：

忍视神州竟陆沉，
几人酣睡几人醒。
坚持晚节昭千古，
誓挽狂澜励后生。
御侮力排朋党论，
同仇谋止阋墙争。
海陵胜地多人杰，
信国南归又见君。

诗作对韩紫石先生力主国共两党团结抗日及坚持民族气节给以很高评价，以民族英雄文天祥比之。七律诗作发表不久，陈毅又在《盐阜报》再次发表40行七言古风《悼韩紫翁》，全面回忆了其与韩紫石先生相识、相交、相知的往事，并对韩紫石先生一生高风亮节作了生动叙述。中如“林下疏河爱黎庶，晚景抗节挫敌酋。壮者易征无多语，何日全师复神州。”等句颇为传神。

诗尤不尽陈毅对韩紫石先生敬慕之意，复作散文《忆韩紫石先生》。此文情真意切，感人至深。著名作家阿英先生极为赏爱，以蝇头小楷将此文恭录存笥。20世纪70年代末，《中国现代文艺资料丛刊》根据阿英先生抄稿发表此文。

陈毅除在戎马倥偬中时以诗文记叙革命历程、抒发战斗豪情之外，更凸显其作为新四军及苏中、苏北抗日民主根据地主要领导人对文化工作的高度重视。在其号召下，大批上海等大城市的知识分子及文艺人士来到条件极其艰苦的苏北根据地，投身抗日洪流。延安鲁迅艺术学院华中分院、盐城阜宁停翅港文化村等处集中了大量一流的优秀文学艺术人才，在他们的培训与带动下，整个苏中、苏北抗日民主根据地的文化工作呈现出蓬勃景象，一大批优秀文艺作品涌现出来，极大地鼓舞了苏中、苏北抗日民主根据地军民的战斗信心与斗争意志。

1940年11月，许幸之等一批从上海来到苏中的文艺界人士到达海安，刚成立的八路军、新四军华中总指挥部召开文化工作座谈会，以示欢迎。陈毅在会上作了《关于文化运动的意见》的报告发言。报告分为“向上海抗日的文化界致意”、“文化战争及其歼灭战”、“文化界的统一战线问题”、“反对对文化运动的轻视”、“为开展苏北抗日民主根据地的文化运动而斗争”等部分。在报告中，陈毅提出：

> 目前的苏北的文化工作任务，就是服从建立苏北抗日民主根据地的总任务。以抗战教育教育青年，以抗战教育教育几百万人民。内容是抗战的、科学的、政治的，形式是通俗的。文化工作不是单个

文化人的努力，而是整个政治军事工作的一个重要配合部门。行政力量、政治力量、军事力量，都可以予文化以帮助。建立由上而下的各级文化机关，建立各级衔接的学校教育系统和制度，建立普遍深入广泛的工余课余业余的文化娱乐，使每个人都有受教育的机会，每天每一个人都能与文化有所接触。因此立即在苏北应该有大小报馆、大小书店、大小印刷局、大小图书馆、大小剧团、大小的艺术作品、大小学校来担负苏北文化的任务。因此更需一万个至五万个文化干部来参加这一伟大工程。这种大规模的计划，不仅是抗战文化推行的眼前需要，而且已经是建国的文化改革的伟大任务之开始。亭子间的文化人，军队中的文化人，课堂中的教育家，应该放大眼光来认识这样的任务。在执行这一伟大任务中，文化人将能改造自己创造自己，而且能重新提出新的文化人来。这种新的文化人的产生，他的典型不仅与过去的旧文化人不同，而且与过渡期的文化人也有不同。新中国的文化需要创造，因此新中国的文化人也需要创造。

陈毅此篇稍后全文发表于《江淮》杂志1941年2月第5期的文化工作者座谈会讲话，实际成为苏中、苏北抗日民主根据地文化工作的指导方针。苏中、苏北抗日民主根据地蓬勃发展的文化运动，正是在这种方针指导下全面开展起来的。1942年5月23日，毛泽东发表《在延安文艺工作者座谈会上的讲话》之后，全党对革命根据地、解放区文化工作有了更明确更统一的方针政策。人们发现，苏中、苏北根据地的文化工作完全符合毛泽东《在延安文艺座谈会上的讲话》精神。

1942年10月，陈毅拟议成立一个旨在广泛团结根据地各阶层文化人士的诗文社，发挥文艺团体团结抗日的作用。11月1日，陈毅约阿英谈“湖海艺文社”组织事宜。据阿英日记：“……已拟名湖海诗文社，其取意有三：陈元龙湖海文士，因军长而起也；盐阜有射阳湖、黄海，因地而起也；宋诗‘湖海楼开名士集’，因雅集而起也。经商讨，又将‘诗文’改为‘艺文’，以期能更广泛地吸收书画、金石诸方面人才。当经签定之发起人为陈毅、彭康、李一氓、范长江、李亚农、王阑西及余等。同时决定各区负责人，部队为陈毅同志。”

湖海艺文社成立之后，创作发表了大量文学艺术作品。陈毅作五古《湖海诗社开征引》，以记诗风之盛。

阿英主编《新知识》杂志，具体办刊风格、方针，陈毅亲拟电文直接指示。该杂志新设《湖海诗文选》专栏。陈毅此期间所作诗词不少即首发于此刊，如视察淮北所作《大柳巷春游》组诗等。

这一时期，一批新四军将领及地方党政干部也创作了许多格律诗词作品，如张爱萍之《解放陈家港》、李一氓之《陌上花》等，徐平羽之《梯茶自度曲》、钱静人之《送红军战士重返大别山》等。

抗日战争期间，特别是新四军东进，开辟苏北抗日民主根据地之后，是陈毅军旅诗词创作的高峰期之一。高峰期之二为解放战争初期，作为华东野战军司令员，指挥千军万马逐鹿中原之时，更是诗情激越，佳作频频。中如《宿北大捷》《鲁南大捷》《孟良崮战役》等诗作，豪情干城，英风动地。

在陈毅倡导下，整个华东野战军前线基层连队“枪杆诗”、“炮筒诗”、“刺刀诗”及支前民工“扁担诗”盛行，极大地振奋了军威、鼓舞了士气。

陈毅一生创作了大量诗词，除在战争年代散失以外，尚存约370题，700余首。20世纪60年代，毛泽东主席曾写信给陈毅，探讨诗词创作问题。1977年5月，陈毅夫人张茜整理编辑的《陈毅诗词选集》由人民文学出版社出版发行，受到国内外广大读者的热烈欢迎。

陈毅文艺思想先进，文学格调高尚。在致著名戏剧家、作家阿英的信中，论及宋人小说及悲剧等问题：

> ……宋人小说集甚好，虽多谈鬼说狐之作，但远较读宋代正史为佳，宋朝社会实况，固跃然纸上也。琵琶记赵五娘，剪发、描容、挂画诸节，其悲苦动人之处，迄今恍惚犹在目。平生新旧剧寓目不多，真使我领略悲剧至味者，乃川班之赵五娘也。文学趣味以悲剧为最上乘，平生观戏，读小说、诗歌，均喜观悲剧的，最恨为封建统治者歌功颂德，以及酬对标榜之作，此或人之恒情，不独一人为然。……

是年，新四军一师文工团和二师文工团在黄花塘军部合作演出曹禺名著《蜕变》。陈毅参加演出座谈会。在回答有人提出演这样大戏好不好时，陈毅指出："辣椒、茄子、瓜，各有各的胃口，我们的观众有干部、战士、老乡，喜好不完全相同，我们都要为他们服务。《蜕变》这个戏在国统区被禁演，但是在我们根据地演出了！我看曹禺同志比你们懂得多，比我也懂得多，应该给曹禺同志发个电报，告诉他根据地演出了他的戏！"

新中国成立后，陈毅在担任国务院副总理期间，对文艺工作的领导一如既往地保持了战争年代特别是在苏北抗日民主根据地期间他对文艺工作的领导方法。最有影响的是1962年3月他在广州"全国话剧、歌剧、儿童剧创作座谈会"上的讲话，真正体现了党的"百花齐放、百家争鸣"的文艺方针，使与会艺术家们深受感动。

陈毅作为苏中、苏北抗日民主根据地、解放区主要领导人，他对文化工作的高度重视与亲力亲为，是苏中、苏北根据地、解放区文化工作蓬勃发展的重要因素，其功厥伟。

“替郭村人民报仇”（连环木刻第九图） 杨涵 刻

23

抗日战争及解放战争时期，苏中、苏北抗日民主根据地，解放区内的新诗创作也取得一定成绩。部队、地方各级报刊文艺副刊上均有诗歌发表。

江明创作于1941年初夏的《六月，苏北的原野》，以一幅生动的乡村小景描绘了新四军东进之后苏北农民翻身之后的心情：

六月
苏北的原野，
风吹过麦草的清香，
太阳照着打麦场，
“连枷”勤劳地歌唱。
农人
赤裸着黑黝黝的肩背，
爱抚地吆喝着他的牛，
带着碾滚
旋转在耀眼的麦草上，
碾滚下
金黄色的麦粒顽皮地跳跃着，
那用汗血哺育了它的农人，
眼睛亮亮的
春风样的微笑

从心底爬上了嘴角：
日子要好过了啊！
打脱了颈上的枷锁
庄稼人也抬起了头来……

全诗长达近300行，通过中年农民、姑娘、儿童、老人以及参加夏收的新四军战士、女战士等人物形象的刻画，完成作者所要表达的主题。其中，夏收时节苏北农村的景象描写尤为生动传神：

六月
麦子黄了，
在苏北海洋一样无边的原野上，
风吹过
卷起了无边的金浪；
喧嚷，欢笑，
夏收的热潮激荡着每一个村庄，
那攒动摇晃着的牛角啊！
那奔跑着的车轮啊！……
一切都在这无边的金浪中匆忙地流漾。

谷风发表于1941年《江海文化》创刊号的《沉默的碉堡》，从被新四军摧毁的敌顽碉堡残垣景象中，揭示出历史的必然规律，逆历史潮流而动，等待着的只有灭亡。

碉堡
　它沉默着
　　一个紧跟着一个
　　　沿着黄浊的水流

爬上修长的堤岸

碉堡
它沉默着
七零八落的砖头
裹上黑黝黝的泥巴
颤动着受伤的肢体

……

河水一样的流向海里
船只却能自由自在
顺水推舟
碉堡沉默了
河水却热闹了
大路依然伸展到无边的天涯
民众欢欣地
赶赴市集
碉堡沉默了
路上却热闹了

……

碉堡
沉默了
凝视着东山的红光
涌出一轮金色的太阳

抗战胜利之后，人们盼望和平，盼望共产党的领导。处于国统区的南通城内，徐惊百创作发表了《颂歌》：

假如你是太阳，
你让云雾遮没了，
将使人们失去温暖。
而你的光明的照耀，
使我们
在冰天雪地里，
昨天，
今天，
而且，
明天还将是——
抖擞着精神，
靠着你的光明和热，
向着温暖的地方
前进！

金笺发表于《东南日报》1946年3月10日副刊《东南风》创刊号上的《歌唱在文艺晚会》：

祖国还刮着寒冷的风，
春天的气息已经动荡了。
我们是一群杜鹃，耐不住冷漠，
歌唱在春天的夜晚。
夜晚的后面紧跟着光明，
光明是我们的。
让我们尽情地歌唱吧！
歌唱太阳的升起，歌唱祖国的春天。

政治抒情诗有干仲儒创作发表于1946年元旦《江海导报》的《歌颂胜利的一年》，作者以饱满的政治热情、宽阔的政治视野、激昂的政治语言抒发了革命者的豪情壮志：

毛泽东的手，
人民的手，
把罪恶的日子，
抛弃在时代的后面。
迎面而来的是
——胜利的第一年。
……
苦难的时光，
奴隶的生活，
应该再不属于人民的。
属于人民的应该是：
“和平、民主、团结”
——毛泽东的路线。
……
让毛泽东的手，
人民的手，
把“内战、独裁、分裂”
抛弃在时代的后面。
胜利者，高擎着胜利的旗帜，
歌颂：
　　胜利的第一年！

这一类政治抒情诗在艰苦的斗争岁月里，给根据地军民以激情，在鼓舞士气、振奋民心中起到了很大的作用，特别是在群众大会上的朗诵，尤为激动人心。据严志道回忆：

“有一次在苴镇附近开一个欢送参军的晚会，会场上灯光辉煌，爆竹和锣鼓声此起彼伏，情绪极为热烈，在节目演出间隙时，老施鼓励我说：‘怎么样，上去朗诵一首吧！’我跳上台，把我刚即兴写的诗，对着喇叭高声朗诵，我非常激动，我把我的诗献给了即将开赴前线的英雄们。”

章品镇《记一个人的殉难》，是南通“三·一八”惨案之后，悼念顾迅逸烈士的泣血之作。国民党特务制造南通惨案，震惊全国。各界人士愤怒声讨国民党破坏和平、践踏民主、倒行逆施的行径，大批文艺作品以此为题材创作出来。特别是长于抒发悲愤情感的诗歌作品，更是集中刊发于苏中解放区各级报纸刊物。白沙《招魂》为此题材诗作中优秀之作：

恶魔的巨掌
伸展在漫长漫长的黑夜里
不让天空缀一颗星
不让白昼露一丝光
不让人间亮起一盏灯
就是这样，黑夜连着黑夜

你踏着夜的脚步而来的
黎明的歌者
为什么却敢
一手擎着火把
一手擎着芦笛

在漫长漫长的黑夜里歌唱
为什么你的火把
却要照亮在那一条
走向黎明去的路上

为什么你的歌
唱的那样嘹亮
象召唤战士的鼓响
为什么你又将火把
按燃上了别人的
用你的歌
撼动了人们冬眠的心脏

是你，用热情的风
吹醒我生命的绿树
是你，用瘦弱的指头
敲开我久闭的心扉
是你，给我点上了火把
把这枝芦笛递在我的手上

可是，就在月黑风高的日子
在黑夜的魔鬼的巨掌下
你如一颗流星
爆发了你最后的光明而陨落了

如今，春草又绿上
掩埋你的那一抔黄土
春潮又泛滥在
滚滚风浪的扬子江
春风又吹到
亲爱的家乡了

我想到，故乡的亲人们
怎样在熬忍着痛苦

吞咽住眼泪
挨过漫长漫长的
凄风苦雨的黑夜

于是
我呼唤着你的名字
擎起你递给我的这一枝芦笛
为你奏一篇招魂曲

白沙即新中国成立后著名诗人沙白，其代表作《水乡的路》曾传诵一时。

歌颂解放区人民翻身解放的诗歌作品，有白夜《春光里的太平庄》、谢云《新税的契》、夏里亚《民间艺人陈鹤松》、章品镇《朱三老爹告杨国宾》等。谢云发表于《文综》1946年第四期的《记翻身大会》，是其中代表性作品：

开会了，
不平常的会，
你听，主席在报告：
"今天我们翻身了！"

于是，
六七百个种田人
他们是农联会员和民兵
大家看着毛主席——
那穷人的领导；
看着红旗——
那斧头和镰刀；
看着坐在主席台上的老陈和中队长，

中队长赤着脚，
老陈还束的围腰。

他们看着太阳，
他们想：
“这天下都像是我们的，
真的，我们翻身了！”
……

全诗以翻身代表老陈和中队长等人在大会上的讲话为主要内容和结构，大量采用乡村俚语，语言生动、风趣，真实反映了人民群众翻身之后的喜悦心情以及对如此巨大变化还没有完全适应，仿佛还在梦境中一般的感觉，具有强烈的艺术感染力。谢云另一首发表于《新华日报》华中版的《新税的契》，描写一个农民翻身买田之后，从区公所怀揣着新上税的田契回家，“像女人怀着第一胎，又欢喜又羞涩”的复杂心情，与《记翻身大会》可谓异曲同工。

1942年，毛泽东《在延安文艺座谈会上的讲话》发表之后，根据地文艺工作者纷纷响应文艺为工农兵服务的号召，深入群众生活，创作出大批为人民群众所喜闻乐见的优秀作品。诗人李季借鉴利用陕北民歌信天游形式创作的长篇叙事诗《王贵与李香香》以新华社电文的方式，传遍全国各大解放区，成为解放区文艺创作的范本。在新成立的苏皖九分区宣传部门工作，任书店编委会副主任的严志道，收到宣传部副部长钱静人给他送来的新华社电稿《王贵与李香香》，要求他以盐民出身的如东县副县长徐可琴同志的翻身和成长经历为题材，也写出一部长篇叙事诗。严志道随徐可琴下乡工作一段时间后回到书店埋头写作。很快，长达3000行的长篇叙事诗《徐可琴翻身当县长》完成初稿。这部诗稿借鉴、改造了苏中老百姓熟悉的“唱儿书”形式，大量采用民间俗语，诗句生动活泼，读来朗朗上口，引人入胜。这首诗曾被誉为苏中的《王贵与李香香》。

钱静人看了长诗初稿，颇为赞许，感叹：“我们就是写不出这么活！”对诗稿给予充分肯定，并推荐给苏皖边区九地委宣传部长李俊民。经李俊民批准，苏中解放区第一部长篇叙事诗《徐可琴翻身当县长》由新华书店九分区支店出版，作者署名白得易。长诗出版后，李俊民指示作者将全诗压缩一下，准备交新华社苏中支社发表。显然，李俊民是将这部诗集作为苏中解放区文艺创作重要成果之一来看待的。长诗产生了很好的宣传效果，如东县委书记王野翔曾在大会上予以表扬，但他也不知道作者就是坐在会场中的严志道。

长诗《徐可琴翻身当县长》第七节《新四军来了》前段：

七月里太阳烧海潮，
新四军抗战过黄桥。
火在爆，风在叫，
传来的消息人心跳。

千万只眼睛张着瞟，
千万颗心里望他到。
受苦的个个露着笑，
呀！我们的军队开来了。

一声雷响天下动，
云里划闪照天缝。
新四军一来来得猛，
苴镇的街上如潮涌。

江海文化丛书 苏中地域文化

步枪榴弹身上挂，
枪上刺刀亮光光。
战士身上多风沙，
战士脸上喜洋洋。

人民的军队来解放，
通街上发了狂。
欢迎的塞满大空场，
只听见歌声唱。

几万只眼睛望前瞟，
天气好，会台高，
大红旗子下劲的飘，
树上野伢儿吵。

首长代表都讲过话，
钻出个汉子台上爬。
大家都定睛望了他，
“啊，啊，那不是徐三爹！”

老徐一身着短打，
立上台子就讲话。
平时没得我开口的份儿，
今天也轮到我做做声。
老徐说话多认真，
老徐说话有精神。
说到盐民千年苦，
盐民生活哪算人？

说到苦处人心疼，
新四军来帮穷人，
帮我徕穷人大翻身。
说得越急越兴奋，
说不出时顿一顿。
听得大家入了神，
万人的场子火腾腾。
说一句，搓搓手，
说下去，流眼泪。
如今容不得卖国贼，
如今容不得吸血鬼。
他号召大家来战斗，
他要求大家去复仇。
成万只眼睛汪着水，
满场的巴掌响如雷，
台上的盐官也低了头。

九分区书店出版的创作诗集还有祝见山《打“砂锅”》等，收入《自卫斗争小丛书》。

南通城区解放前夕，经地下党组织同意，季平、黄然等青年创办油印秘密诗刊《诗战线》，一批向往光明的年轻人创作发表了歌颂民主和平、歌颂解放战争的胜利，歌颂解放区生活，洋溢着澎湃激情的诗作。季平《光亮，集拢起来吧》：“不管是一架探照灯，一把火炬，哪怕一支火柴，只要有光，都集拢起来吧！党啊，光的铁流，向人类活动的地方，照射呀，揭露呀！在这里，在饥饿里，人民渴望着光亮，像冬天渴望着太阳。”

鲁煤《XNCR的广播》：“中国人民解放军，乘着胜利的车子，向南方飞驶来了，像潮水涌来了。……我们听着，仔细地听着，凝住神，压住兴奋……满屋子里回旋着无线电的音波，这音符是白鸽，是天使，更是雷响和电闪，旋飞在秋天的夜空，鼓动着年轻的心弦，摇撼着这城市里的人民。胜利的音符，驾着和平自由的线谱，向我们飞来。”这些火一样烫热的诗句，真实记录了此时进步青年的思想感情与精神状态。

战争动乱年代，民间歌谣成为反映黎民百姓呼声的通道。苏中根据地曾经流传大量民间歌谣，这些歌谣大多由民间艺人编唱，也有一些为文艺工作者所创作。

新四军东进抗日，国民党江苏省主席韩德勤破坏团结抗日局面，挑起内战摩擦。黄桥决战前后，苏中老百姓广泛流传的一首歌谣是《天上有个扫帚星》：“天上有个扫帚星，地上有个韩德勤，手下白养几万兵，只会欺负老百姓。……”

人民群众心中自有一杆秤，国民党军队与共产党领导的新四军部队，孰优孰劣，自有比较。新四军东进初期，老百姓盼望新四军早日来到自己家乡，民谣传唱的是“小公鸡，跳花台，哪天瞟到四老爹来，吃碗安顿饭，穿双合脚鞋。小公鸡，喔喔叫，哪天瞟到四老爹到，说句心里话，睡个直脚觉。”以四老爹称新四军，透着庄稼人的幽默与亲切。“安顿饭”、“合脚鞋”、“心里话”、“直脚觉”，以庄稼人觉得最舒心的几件事来描述人民群众对新四军的热切盼望的心情，非常生动。

“新四军来了开会，和平军来了开柜，中央军来了遭罪。”这首民谣短短三句，便将新四军、伪军、国民党军队的主要特征区分勾勒得非常清楚，也特别传神。这是典型的民间老百姓的口头创作，与文艺工作者用土语模仿民谣的再创作显然有所区别。

新四军开辟苏中抗日民主根据地，贫苦农民翻身得解放。童谣唱道：“一二三，恭喜你家把身翻。二三四，快活过年第一次。三四五，团圆饭用大锅煮。四五六，花糕馒头鱼带肉。五六七，新屋新园新板壁。六七八，养猪养羊养鸡鸭。七八九，起早带晚下劲揪。”尽管语带夸张，可能实际生活远没有这么美好，也不可能一翻身就住上“新屋新园新板壁”，但翻身农民的愉快心情可窥一斑，同时也表现了人民群众对共产党领导光明前程的向往，“起早带晚下劲揪”，正表达了这一愿望。

因为民谣的生动性与易于口头流传性，文艺工作者便采用民谣形式创作了许多配合中心工作的民谣体诗歌，在土地改革、参军支前等重要工作中发挥了很好的动员鼓动作用。如“日头出来红通通，敲锣打鼓闹哄哄。前庄小伙去参军，后庄姑娘喜冲冲，今朝锣鼓送好汉，明日鞭炮迎英雄。”“南京城，北京城，千门万户眼睁睁，北京望的老八路，南京望的新四军”等。甚至一些政府公告也破天荒采用民谣或鼓词形式，一扫以往刻板官家公文形式，给人民群众一个全新的可亲可爱的人民政府形象。如东县成立人民政府之后，发布公告：“如东人民大翻身，我们当家做主人。第九专署下命令，县长邹强换去了。正的是我徐可琴，副的是我魏志田。今天我们来当家，当众表白我心情。全国反攻要出劲，坚决消灭封建根。真心实意为人民，如有不对请批评。”县城掘港解放，如东县政府再发公告：“掘港解放，庆慰同胞！几项政策，希各明了：蒋匪头子，坚决惩办；胁从分子，宽大处理；被迫为匪，赶快自新……大家翻身，建设掘港。特此布告，希各周知。”共30句，各项政策，简洁明了，朗朗上口，易记易传，效果极好。

红旗漫卷——新闻

24

1938年10月，新四军军部政治部宣传部《抗敌报》社在皖南泾县云岭汤村“汤氏支祠”内成立。11月1日，《抗敌报》第一期出版。《抗敌报》报头由周恩来视察新四军军部时题写。

1940年6月，新四军东进抗日。10月9日，黄桥决战胜利之后，新四军苏北指挥部进驻苏中重镇海安。《抗敌报》苏北版于10月下旬在海安创办，报头、版式均沿用军部《抗敌报》样式。此为新四军开辟苏中抗日民主根据地之后出版的第一份报纸。

1941年1月初，新四军军部遭国民党军围歼，爆发震惊中外的“皖南事变”。《抗敌报》于4日在枪林弹雨中出版第221期，即最后一期“告别号”。

新四军于盐城重建军部，中共中原局书记刘少奇任新四军政治委员，陈毅任代军长。中原局和新四军军部决定创办机关报《江淮日报》。《抗敌报》苏北版移交新四军第一师政治部主办。

为了适应苏北抗日民主根据地建设的需要，中央决定成立华中分局，刘少奇兼任书记。原苏北区党委撤销，组成苏中区军政党委员会，陈丕显任苏中区党委书记。

1941年4月初，华中局宣传部在盐城召开苏北文化协会代表大会。苏中区党委第四地委宣传部长洪泽通知史白与吴铭到区党委报到。史白是文化界知名人士，吴铭负责出版工作。到达区党委宣传部后，宣传部长俞铭璜宣布史白、吴铭、徐达三人，代表苏中文化界出席苏北文化协会代表会议，苏中通讯社副社长徐达任团长。出发前，俞铭璜带他们去见陈丕显。陈丕显指示，到盐城参加会议，要向刘少奇详细汇报苏中文化工作，并请刘少奇作指示。

苏北文化协会会议期间，刘少奇抽出时间听取了苏中代表团的工作汇报。刘少奇不但耐心细听，还不时提出一些具体问题，如：苏中是前线，报纸书刊怎样印刷出版，印刷厂在战斗环境下怎样坚持工作，以及苏中的报纸出版发行情况等。还对一些问题随时谈了看法，如军队要打仗，报纸特别是印刷厂，应由地方党委领导等。

汇报结束后，刘少奇让秘书陆璀将他的意见整理成一封信，交给苏中区党委书记陈丕显。信件主要内容是：新四军一师政治部办的《抗敌报》移交苏中区党委作机关报，印刷厂也同时移交给区党委，请与一师政治部协商办理；要建立新华社苏中分社及筹建苏中文协分会等。这是一份全面指导苏中新闻文化工作的重要指示。

陈丕显见信后，十分重视，立即由俞铭璜去一师政治部见钟期光主任。钟期光看信后立即说："刘政委的来信就是命令，除编辑、新闻记者请区党委另行调配外，其他一切照办。"

陈丕显指示区党委组织部，须在短期内配备好《抗敌报》社和新华分社的人员，并确定俞铭璜为筹备总负责人，徐达协助工作。大约不到一个星期时间，两个单位的人员便配备齐全。

《抗敌报》社调徐志仁、周伯藩、高扬、邓克生、周平等为编辑，成立编委会。俞铭璜兼任主编，徐志仁任副主编。

新华社苏中分社除原苏中通讯社徐达、朱微明、许淦三人外，另从苏中行政学院学生中调来姚世虎（现名甄为民）、沈坚等4人。俞铭璜兼任社长，徐达任副社长。1941年6月间，华中局调戈茅（现名徐光霄）任社长，林檎（现名殷家修）随同调来。

与此同时，一师政治部调派王栋率领10多名印刷工人携带印刷机器到区党委报到；另由一位姓胡的同志率领张静等4人携带电台也到区党委报到。

《抗敌报》社、新华社苏中分社和电台，设在泰东县（今海安县）角斜区浒澪镇上。印刷厂设在东台县弶港镇，那里地处黄海之滨，区党委总务科配给印刷厂一条海船，以便在发生紧急情况时，人员机器一起上船，在海上打游击。

苏中区党委机关报《抗敌报》4开4版铅印，1941年5月正式出版。创刊号上，刊出区党委宣传部通知，内容大致为：《抗敌报》由一师政治部转为苏中区党委党报的缘由；《抗敌报》当前的任务，进行形势教育，宣传党的各项政策，当前着重宣传党的“二五”减租政策。

一批从上海来的文化界著名人士充实了《抗敌报》社力量，其中有夏征农、曾一凡、林淡秋、金人、蒯斯曛等。为了办好这张报纸，宣传部长俞铭璜、副部长戴平万都常住在报社主持编委会工作。报纸的评论、国际时评、战地通讯和副刊等都很有特色。

1941年，苏中军民在党的领导下，与敌伪军展开了艰苦卓绝的斗争，在反“扫荡”的斗争中，不断发展壮大。苏中根据地从初建、发展而渐趋稳定、巩固。区党委利用《抗敌报》，布置和指导各项工作，鼓舞苏中军民斗志，充分发挥了很好的舆论作用。

战地服务团的街头壁报——《老百姓》

1942年11月，苏中区党政军实行一元化领导，机构调整，《抗敌报》停刊。

25

黄桥决战之后，一支新组建的抗日部队于1940年10月10日在曲塘成立，部队全称为鲁苏皖游击总指挥部直属纵队、鲁苏战区苏北游击指挥部第三纵队司令部，代号为“联合抗日司令部”，简称“联抗”。该部队为中国共产党领导下的一支执行统一战线政策和任务的武装部队，分驻于海安以西曲塘、白米一线，在新四军苏北指挥部与国民党鲁苏皖边区游击总指挥部之间起缓冲作用。部队由新四军苏北指挥部、国民党军李明扬部及地方武装薛承宗部三方各抽一个连组成，后来发展成5个大队。司令黄逸峰，副司令李俊民，副司令兼参谋长周至堃，政治部主任张孤梅。1941年4月彭柏山接任政治部主任。1943年，“联抗”部队发展为两个团。1944年10月10日，“联抗”部队撤销番号，编入新四军苏中军区建制。

1940年10月，《联抗报》在曲塘创办，为苏中抗日民主根据地最早创办的报纸之一。每三日一期，油印出版。“联抗”副司令李俊民任报社社长。报头由司令黄逸峰题写。

《联抗报》初期由“联抗”政治部宣传科长薛和仲驻编辑部领导办报，副科长江毅任主笔。彭柏山任政治部主任之后，聘请原在海安任教的著名作家孙石灵担任《联抗报》总编辑。《联抗报》初期为4开4版油印报，从第7期起改为铅印。报纸除发行“联抗”部队及“联抗”地区机关、学校，各区、乡外，还寄送国民党军李明扬等部。

《联抗报》以独特的姿态宣传抗日民主统一战线政策，报道“联抗”地区军民团结一致，与敌伪顽斗争，建立抗日民主根据地的业绩。

1941年2月，李长江率所属国民党军队投降日军，“联抗”部队从城镇转入农村，开展游击战争，《联抗报》暂时停刊。当年9月，“联抗”部队回师原驻防地区，恢复出版《联抗报》，政治部主任彭柏山领导报社工作，改三日刊为五日刊，报社设在政治部，由宣教科具体负责。重要社论由黄逸峰、李俊民、彭柏山亲自撰写。

1941年9月，在“联抗”防区内，成立中共兴东泰特区工委，《联抗报》同时成为特区工委机关报。兴东泰特区为紫石县前身。中共兴东泰特区工委另有油印党内小型报纸《苏北通讯》。

《联抗报》分地方版、国内国际新闻版、副刊版。地方版主要刊载有关部队军事政治建设、政府法令政策、财政经济、文教事业等方面内容，以及各种群众组织的活动；国内版主要刊登八路军、新四军坚持敌后斗争的辉煌战绩；国际版主要刊登世界反法西斯战争情况；副刊每半个月一期，刊载文艺作品及时事述评。

1942年底，为贯彻党中央和苏中区党委关于“精兵简政”的指示，中共兴东泰特区工委决定《联抗报》第二次停刊。

1943年秋，《联抗报》再次复刊。这一时期，《联抗报》以大量的篇幅斥责税警团背信弃义、破坏团结、积极反共、残害人民的罪行，警告他们悬崖勒马，不要玩火自焚。

1944年10月，“联抗”部队胜利完成使命，编入新四军序列，《联抗报》随之停刊。

《联抗报》出版期间，正处于抗日战争相持阶段，敌后战场备受封锁，消息闭塞。因条件限制，《联抗报》未能架设新闻电台，不能抄收延安新华社新闻稿。为了取得国内外新闻来源，联抗部队礼请了一位奇人张三先生。张三先生虽是盲人，却能熟练地使用和维护电子管短波无线电收音机，且技术相当娴熟。此外，张三先生还具有特别强的记忆力，他能在晚间和深夜收听新闻广播，默记在心，第二天都能背诵出来，基本无差错。

张三先生隐蔽在海北区永镇庵内，靠一架三灯收音机，收听重庆《中央广播电台》的新闻，口述后由他人整理、抄写出来，分发“联抗”部队首长、情报部门和《联抗报》社。据李扬等回忆，当年《联抗报》上刊登的国内国际重大新闻，如《开罗宣言》《雅尔塔协定》等，都是据此来源写成稿件的。

当时还是紫石中学学生的王泽、许映光等人也曾经帮助张三先生整理抄写过新闻稿，据他们回忆，张三先生的那架半旧的三灯收音机，已经没有机壳了，时常闹点小故障，每次都是他摸摸索索地鼓捣几下就排除了。那时收音机有很多零件、电线接头，对于一个盲人，困难可想而知。除了一次需要更换零件，暂停过几天外，张三先生这份“参考消息”都是每天正常“发行”的。直到很多年后，张三先生侧着头，耳朵贴着喇叭收听消息的形象还历历在目。

26

1940年10月中旬，新四军苏北指挥部决定：由陶勇、刘先胜率领第三纵队进驻通、如、启海地区。陈毅亲自向第三纵队司令员陶勇、政治委员刘先胜布置任务，明确指示："一定要抓紧时间，放手发动群众，发展进步势力，争取中间势力，孤立顽固势力。"陶勇、刘先胜受命后，会见了中共如皋中心县委、如皋县政府负责人钟民、梁灵光、周一峰、洪泽等，听取他们介绍苏四区即通、如、启、海地区的军事、政治形势，同时部队进行紧张的动员与准备工作。

10月下旬，陶勇、刘先胜率领第三纵队3000余人，从海安出发，沿运盐河向东挺进。在如东重镇栟茶，东进部队召开了群众大会。从栟茶至丰利，再至马塘、掘港，人民群众在地下党组织的发动下，纷纷出迎新四军。

第三纵队面对十倍于己的国民党地方武装，长驱两百余里，充分体现了以陈毅为首的新四军苏北指挥部高超的指挥艺术，过人的胆略以及三纵将士一往无前的英雄气概。第三纵队到达掘港之后，陶勇出任江苏省第四区抗日游击指挥部副指挥，梁灵光任政治部主任。这是一个过渡性的合作抗日指挥机构，国民党军事委员会战地党政委员会指导员季方任指挥，国民党地方武装薛承宗、徐承德任副指挥。

第三纵队进驻掘港之后，原中共如皋中心县委随军东移，改为中共南通中心县委，接管了原国民党江苏省第四区专员公署主办的《东南晨报》社。报社由中心县委委员洪泽分管，洪秉奇具体联系，江树峰任社长，徐铭延任总编辑，曹卜仁任经理。仍用《东南晨报》原名，出版4开4版日刊铅印报纸。此时的《东南日报》已成为中国共产党领导下的一张抗日报纸。

1941年3月，随着苏中四分区抗日民主根据地的建立，中共南通中心县委撤销，成立中共苏中区党委第四地方委员会，考虑将《东南晨报》改为四地委机关报，先后调了章扬、曹从坡等同志到报社工作，加强党员力量。

是年夏，日伪军多路出动，对四分区进行大“扫荡”，占领了主要交通线上的集镇，构筑据点，对根据地进行分割。《东南晨报》随四地委从如东转移到南通县北兴桥。因江树峰、徐铭延等同志调动工作，地委派由上海经苏中四分区拟去苏中区党委的施平担任《东南晨报》的领导工作，施平原为香港国际通讯社记者。同时，地委还增调王舜华、丘晓等同志到报社工作，进一步加强报社编辑力量。9月间，施平去往苏中区党委工作，地委再调邓炬云到报社任支部书记。由于加强了党的领导，充实了专业人员，使《东南晨报》真正脱胎成为中共苏中区党委四地委的机关报。

1941年春，《东南日报》社和印刷厂从掘港镇搬迁到西乡胡家园出报，后来又转移到西北乡的王家园。夏季日伪军大“扫荡”之后，由于印刷厂不能经常流动，地委决定从9月起《东南晨报》改出油印版。

同年11月初，四地委和专员公署转移到海门东北头甲镇，报社迁驻到陈家仓，《东南晨报》停刊。

27

1942年初，日伪军在东台、如中等地区进行的冬季大“扫荡”，受到苏中军民有力打击，四分区斗争形势有所缓和。1月1日，《江海报》出版，这是一张在抗日战争最艰难时期，由中共苏中区党委四地委指导四分区军民开展斗争的报纸，负责人为邵宇，以及从上海来苏中根据地的宋军、陈敏等同志。

(第一版)　(星期六)　GIANXAI BAO　中華民國三十七年五月十五日

江海報

新二三九期　今日四版

蘇皖九分區江海報社印行　卅五年十一月二十日復刊

每期一百元　卅期三千元　訂閱處：各級郵局郵站

不寫稿是不是沒材料？

城閘地武積極挺向邊區

南通城北殲匪六十

粉碎敵四路合擊繳機枪三挺

惠和戰役經過詳情

司令部 政治部 聯合嘉獎令

五月十二日

配合惠和戰 啓西逼

《江海报》

报社由龚宝康、陈敏等组建《江海报》电台，直接抄收延安新华通讯总社电讯，从而充实了《江海报》的国际国内新闻报道。

樊发源、丘晓、马力、王舜华、芦浦康等《江海报》编辑还为四分区农抗会编辑了一份通俗报纸《江海大众》，读者对象为农村基层群众。

1942年夏，日伪军在海启地区开始“扫荡”，《江海报》社随地委转移到如东沿海农村，改出油印版《江海报》。邵宇调地委工作后，报社具体工作由陈野耘、樊发源、凌建华负责。

1943年，日伪军对苏中四分区进行“清乡”，《江海报》重点加强了对反“清乡”斗争的报道。

1944年1月，《江海报》出版新年“革新号”，全报红色油墨印制，内容有：苏中四地委书记吉洛（姬鹏飞）《本报的革新》，苏中四地委《关于改进江海报的决定》，吉洛《过去的一年与今后的一年》，苏中区党委书记粟裕《我们去年在苏中做了些什么，今年还要做些什么？》。此期《江海报》副刊部分刊载吴蔷（吴强）文学作品《收获》等。

《江海报》发起“清乡的一日”征文活动，长期连续刊载应征稿件。

随着斗争形势的变化，苏中二分区于1944年下半年撤销，东台、台北地区划归苏中四分区。《江海报》社随分区机关转移到东台县三仓河一带。11月1日，《江海报》社与原二分区《群众报》社合并，11月3日，恢复出版铅印4开4版《江海报》。

《群众报》创办于1944年6月11日，8开4版铅印。因苏中区党委机关报《苏中报》从二分区迁移到一分区，即从一分区《前哨报》抽调一部分人员到二分区创办《群众报》，社长兼总编辑为肖湘。《群众报》存在时间约5个月。

与二分区《群众报》合并后恢复出版的《江海报》由四

地委宣传部长李俊民兼任报社社长，樊发源任总编辑，凌建华任副总编辑。发行量7000份。

1945年8月，抗战胜利。《江海报》从东台三仓河转移到掘港，出版4开4版日刊，每天以16000份报纸与全分区300多万军民保持着紧密联系。

1945年10月，苏皖边区政府成立，苏中三分区与四分区合并成为苏皖边区一分区。《江海报》社和三分区《江潮报》社同志会师苏皖一分区机关驻地如皋城，两报合并，成立《江海导报》社，出版铅印4开2版日刊《江海导报》。《江海导报》为中共华中一地委机关报。

1946年8月，苏中战役期间，为了适应解放战争的需要，苏皖一分区分为华中一分区及华中九分区两个部分，南通、如东、海门、启东四县从苏皖一分区划出，成立华中九分区。《江海导报》仍作为一地委机关报，继续出版。

1946年9月，九分区出版刊登新华社电讯的《消息报》。11月12日，《江海报》在如东农村复刊，作为九地委机关报。报社社长仍由九地委宣传部长李俊民兼任，樊发源任总编辑及经理。复刊后的《江海报》一直出版到1950年4月停刊。

《江海报》复刊后到1949年2月南通城解放前夕，这段时间报社具体负责人先后有樊发源、王亚梅、洪秉奇、蔡暹、高宇等同志。

《江海报》副刊《俱乐部》，祝见山任主编。《俱乐部》发表了大量人民群众喜爱的反映现实斗争生活的歌谣、故事等文艺作品。

在战争年代里，《江海报》成了江海平原人民生活中不可缺少的精神食粮，斗争越紧张，人民群众越渴望看到《江海报》。《江海报》除大力宣传党的方针政策、对敌斗争和生产斗争的经验外，也十分关心人民群众的生活，经常介绍群众中搞好生产和安排好生活的经验。报上设有“问事处”、“小辞典”、“民主生活”等专栏，为群众服务。由于《江海报》充分发挥了党和政府以及人民的喉舌和耳目的作用，深受通、如、海、启地区各级党组织和人民群众的爱护与支持。当报纸贯彻全党办报的方针，大力开展通讯运动时，各级领导积极组织广大干部群众踊跃投稿，不仅使党报有深厚的群众基础，并且极大地丰富了农村的文化生活。广大干部、群众通过看报读报提高了政治、文化水平。在战争年代里，《江海报》培养了成千的工农通讯员和成百的新闻战士。年轻的女记者叶邦瑾在边缘地区采访时不幸被捕，在敌人面前坚贞不屈，为人民的解放事业，也为党的新闻事业，献出了宝贵的生命。“铁笔战士”毛哲民绘印的套色彩印宣传品，使敌人看了惊讶失色。“模范报务员”陈敏，有时一天抄收翻译电讯16个小时。

曾长时间担任《江海报》社总编辑，见证《江海报》从创刊到复刊几乎全部战斗历程的著名新闻家、原《新华日报》总编辑樊发源深情回忆：《江海报》在漫长而艰巨的战争年代，始终没有停止过战斗。报社的所有同志，从社长、总编辑到编辑、记者、报务员、印刷工人都只有一个共同的心愿，这就是“多出报、出好报”，支持前方的将士多杀敌，给解放区人民增添坚持斗争的信心和勇气。为了及时深入地报导武装斗争，报社编辑、记者经常出入在战斗前线，和指战员们生活在一起。为了及时深入报道各地群众斗争，他们在基层党组织领导下，和基层干部一起做群众工作，他们既是党报工作者，又是群众工作者。

樊发源同志忆及：在长期的斗争中，《江海报》社编辑人员与印刷厂工人结成了血肉不可分割的关系。印刷工人像爱护自己的生命一样爱护《江海报》。1946年11月，当印刷工人得知《江海报》复刊的消息后，无比的兴奋，加紧进行准备工作。第一期稿件刚送到印刷厂工人手里，“扫荡”的敌人来了，工人们坚持把报纸印出来以后才转移。后来情况越来越严重，印刷厂的移动也一次次多了起来。但是无论情况怎样的严重和恶劣，职工们都抱定一个决心，只要人和机器存在，报纸就一定要印出来。1948年1月1日，印刷厂工人们正在赶印元旦报纸时，数千敌人分成好几路出动“扫荡”。在万分危急的情况下，全厂职工都武装起来，保护机器。后来情况越来越险恶，为了坚持报纸的正常出版，印刷厂职工就把铅字、机器搬上海船。涨潮的时候，许多同志晕船呕吐，船身颠动，机器几乎要倒下来。印刷厂职工们就是在这样艰苦恶劣的情况下，全力以赴，照样完成了印刷3000份《江海报》的任务。

《江海报》的印刷纸张、油墨等大宗消耗物资都是从敌占区设法采买，千方百计突破封锁线运出来的，樊发源在回忆文章中特别对那些冒着生命危险在敌占区从事秘密工作的同志和爱国商人们表示感谢。

28

1941年3月，新四军在盐城重建军部之后，成立新四军苏中军区，下辖4个军分区。以黄桥为中心的泰兴、如西（如皋）、泰县、靖江4县，组建为苏中三分区。4月，中共苏中区党委成立，三分区成立第三地方委员会。

如西县文教科长曹衍正利用国民党部队溃逃时埋藏的一架收报机，动员闲散在家的原电台报务员汪浩抄收延安新华社电讯，由他刻写蜡纸，用一架破旧的油印机印刷出版一份不定期的电讯稿。后由书法好手李岚刻写蜡纸，由毕业于上海新闻专科学校的编辑徐中尼按照铅印报纸形式设计了版面和编排方法，使之成为16开4版有国内外电讯和本地新闻的定型的油印小报《如西报》。

三地委为能在当时游击环境下尽快办一张自己的机关报，决定将已经出版3个月的《如西报》主要人员调来，充实了领导班子和工作人员，于7月1日正式出版8开4版的《江潮报》。

《江潮报》初创时，三地委宣传部副部长徐进兼任社长，周擎宇任总编辑。林之东、徐中尼在《江潮报》后期曾相继接任总编辑。各版主编有骆风、周向阳、高斯等同志。《江潮报》文艺副刊为《奔流》。

初建的三分区根据地没有一块远离敌人据点30里以外的地方，为了防止敌人奔袭，报社经常处在流动的状态下出报。每当敌人下乡“扫荡”，报社人员就白天隐蔽在村子里编印报纸，夜晚几人一组分散到附近田沟或小茅棚里打埋伏，第二天清晨各自到几里外预定的村庄集中，继续工作。在敌后抗日游击战争最艰苦的时期，人员从30人精简为11人，穿插在敌人碉堡封锁线之间坚持出版报纸，并从4日刊增改为3日刊，成为三地委领导全区人民坚持敌后斗争的旗帜。

地委领导同志叶飞、韦一平等对《江潮报》从编辑方针、办报路线和人员配备、物资供应、生活照顾等方面都给以最大的关注。为了加强对报纸的领导，地委在1943年1月组成了由叶飞、孙克骥任正、副书记的党报委员会，新四军一师一旅旅长、三分区司令员、地委书记叶飞兼任社长，并发布了办好《江潮报》的决定。

初创的《江潮报》经过几个月的摸索实验，终于闯过油印工艺的技术难关，一张蜡纸用一架缴获的日军的崛井牌油印机印刷，从最初一次只能印几百份增加到能印2600份之多，最高时曾印到3000份。四分区首创的套色油印技术传到三分区之后，《江潮报》也采用彩色套印技术，印制套色报纸。《江潮报》按照正规的铅印报形式编排版面，刻写铅字形的宋体、黑体、仿宋体为主的标题，刻画铅铸型的花边和花线以及锌版型的地图、新闻人物头像和插画，从而使油印的《江潮报》不仅字体正规美观，花边插图精美，而且编排活泼有致，油印清晰，加之文章短小、内容丰富，受到广大读者热烈欢迎。尤其是边沿区的知识分子、上层士绅和青年学生，更是爱不释手，惊叹这份油印的《江潮报》“简直是工艺品”。在大后方西安举办的展览会上，《江潮报》和新四军四师的《拂晓报》一起被推荐参加展览，并且得到很高评价。1942年12月，《江潮报》曾将合订本一份，作为献给世界反法西斯战争的领袖斯大林的62岁生日的礼物，经地下交通送往当时苏联在上海的《时代》出版社，转送到莫斯科。

《江潮报》为适应农村游击环境和当时干部群众的阅

读水平，尽量把抄收到的电讯加以综合改写，并配以地图、人物肖像和介绍有关知识。在地方新闻报道上，报纸充分运用抓重点以点带面的手法，以专刊、专访、特写、评论等形式作多侧面的报道，并讲究新闻时效，这不仅对根据地的斗争和建设起了有力的推动作用，而且使其政治影响扩大到边沿区和敌占区。

日伪军对《江潮报》在人民群众中的影响非常惧怕，特务机关先是全面查禁，也曾出过50~100元一份收买。后来见收效不大，竟然想出模仿油印《江潮报》的报头、版式和字形出版伪《江潮报》的主意，在敌据点周围张贴，并在下乡“扫荡”时散发，但由于它的反动的内容和拙劣的印刷，很快被群众识破而唾弃。

1943年起，《江潮报》改为铅印。抗战胜利后，《江潮报》社进驻黄桥镇，报纸由3日刊改为日报，发行量激增，达10000多份。以农村基层干部和青年民兵为主要对象的增刊《江潮大众》也在此时出版发行。

1945年12月，随着三、四分区合并，《江潮报》与《江海报》汇合，改组为华中一地委机关报《江海导报》。

29

华中抗日根据地各级党报从创办开始，始终坚持“全党办报”和“群众办报”的方针，经过长期实践，成为解放区报业的优良传统。为了加强对报纸的领导，从中共华中分局、各区党委到各地委都成立了党报委员会。尤其是在刘少奇、陈毅等同志身体力行的影响下，各级党委主要负责同志不但指导报纸的编辑方针、办报路线，还亲自撰写社论和重要文章，直接向广大军民群众传达领导机关的意图和有关方针政策，并且对机关、部队和群众团体中出现的某些不良现象进行及时的批评，发挥报纸的舆论监督作用。在各级党委的领导下，从领导机关到区、乡基层，普遍建立通讯组织，发动广大通讯员为党报写稿和反映情况，以及开展群众性的读报评报活动。使党的报纸建立在广大群众积极参与和支持的基础上，真正成为党密切联系群众的桥梁，成为党和群众的喉舌，成为党指引抗日战争和民主根据地建设的鲜红旗帜。

中共苏中区党委书记粟裕在党委扩大会上指出：“求得全党思想行动之一致，这才是完成华中局给我们任务的保证。思想统一是行动一致的基础。为了达到党内思想的统一，必须有计划有系统地教育党员和培训干部，通过党员、干部的核心和骨干作用取得党的领导权。”为此，粟裕提议创办一份中共苏中区党委机关报，以统一苏中党的意志与行动并教育党员。

经过充分酝酿与准备，1943年11月12日，中共苏中区党委正式作出《关于出版〈苏中报〉的决定》，成立以粟裕为书记、俞铭璜为副书记的党报委员会。报社由苏中区党委书记、新四军一师师长粟裕兼任社长，林淡秋任总编辑，设编辑委员会。

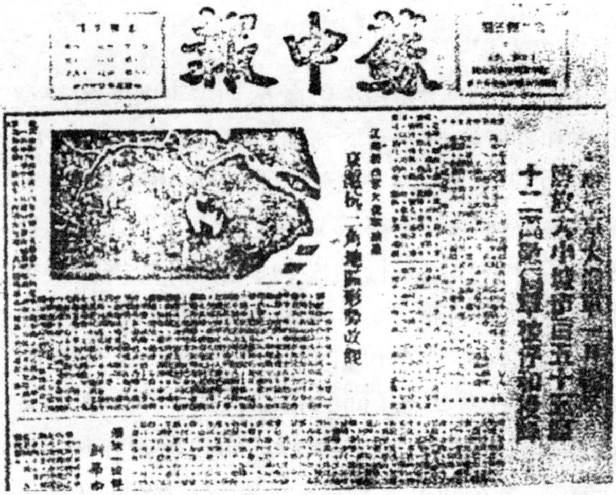
蘇中報

《苏中报》

《苏中报》报头由一师政治部主任钟期光题写。宣传部部长俞铭璜主管《苏中报》报社初期日常工作，长驻报社蹲点，每周两次骑马回区党委开会或学习。新华社苏中支社归报社统一领导。报社编辑部驻地在时属东台县的浒澪镇。

1943年12月2日，《苏中报》创刊号以整版篇幅刊登了粟裕亲自撰写的《发刊词》，就党的新闻事业与武装斗争的关系问题、党报应有的立场和态度问题、干部对党报应有的责任问题、党报与党外人士的关系问题，逐一作了详尽的论述。粟裕强调指出：“武装头脑是进行武装斗争的先决条件。党指示我们一条最高的原则，就是一切为了抗战、为了坚持、为了胜利，也就是说一切为了武装斗争。否则就什么也谈不上，或者说，什么也弄不好。而在进行武装斗争中，又有一个先决条件，就是武装头脑，就是要使我们全体干部、党员和群众，在思想上政治上工作上，能够应付任何变化、任何险恶、任何艰难困苦，在任何惊涛骇浪之中，斜风泼雨之中，出生入死之中，能够不断地发扬革命斗志，坚定胜利信心，兀然站稳在自己的哨岗上、战线上和阵地上。”

阿英在《敌后日记》中写道：“读《苏中报》粟裕发刊词，甚是透辟。”

苏中区党委《决定》中规定，《苏中报》为苏中区党委与第二地委共同指导的报纸，原二地委原机关报为《滨海报》，社长兼总编辑林淡秋。《滨海报》4开4版3日刊，发行5000份。《苏中报》报社即以《滨海报》报社原班人马加以改组、扩充组成。《滨海报》于1943年11月29日停刊。

新组建的《苏中报》社，集中了一批从上海等城市来根据地参加革命的知名的文学家、翻译家、版画家，如王任叔、林淡秋、蒯斯曛、赖少其、杨涵、梅关桦等。还有像冯岗、蔡迪、史乃展、涂克、罗列、吴江、范霞、朱明、马达等在抗日战争年代成长起来的一批优秀编辑、记者。此时的浒澪镇，可谓人文荟萃。

《苏中报》印刷厂在海边弶港镇，创刊初期为4开4版铅印，每期6000份，3日刊，以后逐步发展为日刊。

1944年3月，著名的车桥战役胜利之后，苏中、苏北、淮南、淮北四大战略区基本连成一片，从而打开了淮安宝应地区新局面。宝应成为苏中抗日根据地的可靠后方。3月16日，苏中区党委、苏中行政公署、苏中军区暨一师师部等党政军机关，先后从东台三仓河地区迁往宝应县安丰镇固晋及周边地区办公。随党政军机关一起迁移的还有《苏中报》社、苏中公学、苏中军机处第一总厂、华中印钞厂等几十家单位。宝应随之成为苏中抗日根据地的政治决策中心和军事指挥中心、经济文化中心。

《苏中报》社驻地在宝应县安丰区朱郭村大新舍。报社印刷厂在崔渡村崔家舍、吴庄一带。

《苏中报》及时报道各地军民在反“扫荡”、反“清剿”、反“清乡”斗争中取得的胜利，注意全面反映根据地政治、经济、文化等各方面建设的情况及成就，不时配合中心工作发表具有较强思想性和指导性、文字通俗的社论。经常配合重要电讯，刊登油印或木刻的战局地图，帮助读者了解国内外反法西斯战争发展态势。

《苏中报》文艺副刊《现实》，由赖少其任主编，杨涵任主编助理，经常刊登战斗通讯，报道部队战斗英雄和民兵英雄事迹，通过生动的故事介绍民兵在反“清乡”斗争中如何围据点、平碉堡、拆篱笆、毁电线等同日伪军斗争的经验。粟裕部署、叶飞指挥的车桥战役取得辉煌胜利之后，《苏中报》第39期至42期，副刊《现实》连续刊载车桥战役报告文学多篇，对战役报道非常详细、生动。著名作家、时任《新

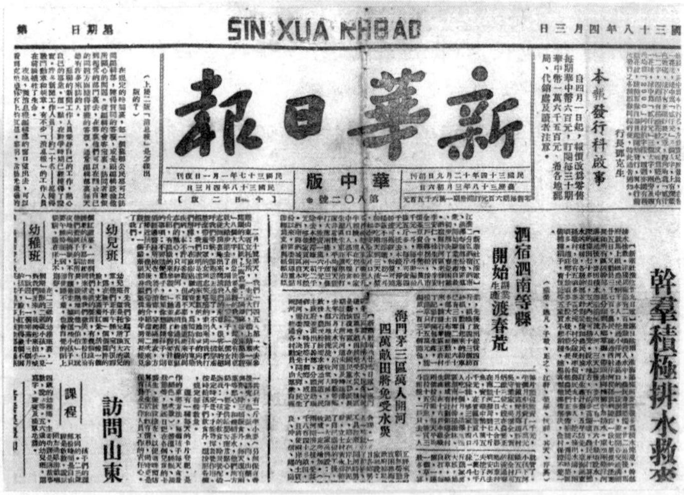
SIN XUA RHBAO
新華日報
華中版
本報發行科啟事
泗宿泗南等縣開始生產渡春荒
海門茅三區萬人開河 四萬畝田將免受水災
幹羣積極排水救災
幼兒班
幼稚班
課程
訪問山東

《新华日报》华中版

知识》主编阿英阅报后评价：这是在华中开展军事宣传工作整风运动之后“初步最有意义之表现”。

1944年5月26日，阿英《敌后日记》记载：“读报——《苏中报》副刊《现实》所载报告《人民领袖白桐本》，田作《记反清乡区的一个区长》，及《小民兵的故事》（南汀作），甚佳，前者尤甚。另有介绍《真的形象》，大约是淡秋手笔。”淡秋即《苏中报》社长、总编辑林淡秋同志。

副刊还多次组织工农兵作者专页，鼓励工农兵作者写作。一些新中国成立后在文学界崭露头角的作家如胡石言、茹志鹃等，他们的处女作均出自于《苏中报》副刊《现实》。

抗战胜利后，成立中共华中分局，苏中区党委撤销。《苏中报》于1945年10月11日停刊，报社归并到《新华日报》（华中版）。自1943年12月创刊，《苏中报》共发行270期，其中在宝应县安丰区发行185期，在东台三仓河发行85期。

30

1942年9月，高邮宝应地区苏中一地委创办了机关报《湖东报》。同年12月，根据中共中央关于实行一元化领导和精兵简政的指示，地委决定将苏中军区第一军分区《前哨报》与《湖东报》合并，重新编号出版由地委领导的《前哨报》。原部队版《前哨报》负责人肖湘任总编辑。

由于两报合并，充实了编辑、记者和油印人员，《前哨报》从原来的5日刊改为3日刊，内容和版面都出现了新的面貌。刻印技术也有了很大提高，一架旧油印机一次能印出比较清晰美观的报纸达千份以上，发行量也随之扩大。

1944年春，苏中区党委机关报《苏中报》随区委机关从东台沿海地区西迁一分区宝应县安丰镇出版。5月，苏中区党委决定，已出版120多期的一地委《前哨报》停办。《苏中报》由苏中区党委与一地委共同领导。《前哨报》社一部分人员由肖湘带领去东台、台北地区创办二地委机关报《群众报》。《苏中报》从东台三仓河西迁后，二地委暂无报纸。6月，从已调二地委报社人员中再抽调一部分人员回到一地委，重新创办一分区《人民报》。

《人民报》于1944年6月12日在宝应临北汪洋湖南岸草荡边的一间小舍里出版了创刊号。报纸为铅印8开4版5日刊。蔡修本任总编辑。《人民报》创刊号为红色油墨印刷，报头“人民报”三字由一分区参谋长夏光题写。创刊号第一版刊登了一篇《开头的话》，说明了办这份通俗大众报纸的道理。

1945年初，苏中根据地机构调整，原东台、台北地区二分区撤销，划归通、如、海、启地区四分区。《群众报》与《江海报》合并。高邮、宝应地区一分区改为二分区，《人民报》随之成为二地委机关报。是年冬，苏中五分区，即原苏南丹北地区的《前进报》北撤到二分区，与《人民报》合并。二地委宣传部长江坚兼任报社社长，总编辑仍为蔡修本。

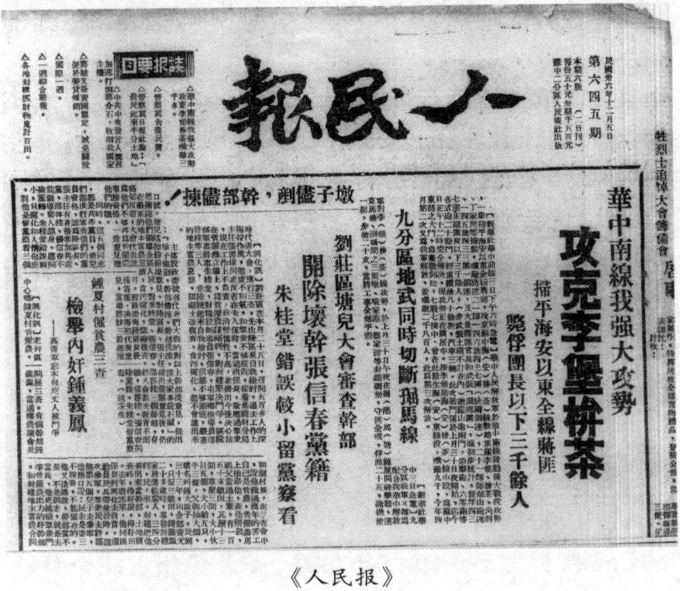

《人民报》

1947年9月3日，当《人民报》出至第600期时，总编辑蔡修本在该报发表文章，回顾报纸走过的3年历程：

> 三年前的夏天，报纸的筹备工作，大体完成了。对这张快要出版的报纸，却没有想出一个更好的名称来：“淮扬报”“运河大众”……提了好几个，都送到韦一平同志那儿，请他来决定，最后，他想

了“人民报”这个名字，也是他对这张党报的要求：“为着人民大众服务”。

韦一平和周山同志，为创办人民报，费了一年的心血，筹划经费，购买铅印器材，抽调干部和工人（到部队和地方上四处物色）；现在，他们先后为革命牺牲了，今天，人民报出到六百期了，要沉痛地纪念他们，我们只有办好人民报，使它更好地为人民服务，才是完成他们的遗志，才是为他们复仇！

韦一平原为苏中一地委书记，1946年牺牲。蔡修本回忆报纸初创时，技术条件很差，工人和编辑只有8人，排字、校对、拼版、发行，都采取合作的方法。排字同志喊铅字不够了，刻字同志自己动手刻，刻得手指皮开肉烂；编辑同志也赶到排字房想办法，把新闻稿子里的字略加改变。拼版时编辑成了工人的参谋，共同研究。机器装在船上，大伏天在闷热的船舱里印报纸，汗水和油墨涂满了工人同志的身上、脸上。物质条件虽然艰苦，报纸却印得精细漂亮。

《人民报》出到100期，报社人员增加到30人，分工也随之明确起来。报纸改为3日刊。报社建立了电台，各县均有专职记者，发展了100多个工农兵通讯员，报纸销量增至6000份。

抗战胜利之后，1945年11月，《人民报》社全体人员分乘十几条船，从高邮东乡姚黄庄附近的蔡家舍进了兴化城，出版4开4版《人民报》日刊。此时报社进入快速发展时期，人员激增至150人。轰轰烈烈的解放区群众运动、土地改革、惩奸、参军……每一期报纸上都是满版刊登着、报道着，充满着解放区的新景象。来稿量也随之激增，从每月约400篇增至1500篇。报纸日销9000份。

1946年夏秋之际，国民党军撕毁和平协议，进攻解放区，内战爆发，《人民报》转入坚持阶段。为了适应斗争形势,《人民报》社大幅度进行减员,一大批同志前往山东解放区工作,印刷厂、编辑部、支社分散行动,便于转移。

1946年冬季,随着华中野战军主力北撤,《人民报》进入最困难时期。交通困难,情况混乱,来稿中断,报纸一时无法正常出版。但是,报社“电讯”却始终没有间断,铅印、石印、油印,16开、32开,只要能出版,尽一切可能。

严冬终于度过,枯黄的芦苇叶里,又冒出嫩绿的新芽。情况比较稳定了,《人民报》3日刊又在草荡里的村庄中出版。“鲁南大捷”、“枣庄大捷”、“鲁西大捷”、“莱芜大捷”的急电不断传来,又不断通过《人民报》传送出去。处于敌后的高邮、宝应、兴化地区军民斗争的胜利消息也通过报社电台发向新华社。

此时,整个斗争形势在急遽发生转变,干部、群众对于时局的关心,超过了任何一个时期,《人民报》成为时事信息的唯一来源,也成为坚持原地斗争的干部、群众的精神支柱。

《人民报》大批精简队伍之后,工作量激增。一个校对人员的工作量是以往6个人工作量的总和。印刷工人平均每天工作十个半小时;装订工序仅一个工人负责,有时为了赶任务通宵不眠;电台一位同志为了抄收重要长篇电文,曾经连续工作两天两夜;发行人员每天步行80里以上路程。立功运动也在报社开展起来,每个人都在加紧计算怎样赢得更多的时间,为自卫战争发挥更多的作用。敏捷的手指和强有力的肩膀使得笨重的机器装置也战斗化了,报社转移时,一切机器零件、铅字盘,在一个小时内甚至最快在半个小时内全部拆卸完毕,搬运上船。抵达宿营地之后,其他单位还未分配好住宿处,都忙着吃饭去了,饭后,大家惊异地发现,短时间内,工人们已将机器设备全部安装完毕,准备工作了。一名年仅16岁的排字工人原先每小时平均只能排871个字,经过3个月的苦练，猛增到1273个字，每千字差错率只有百分之零点三，超过华中头等标准。机器和石印房每天生产量都超过了过去的华中所订标准。机器工人一架四开机每天能印9000张的经常数量，石印生产量比过去增加半倍，超过华中标准百分之十七。整个报社印刷厂的生产量，仅以1947年1月至5月份统计，除了刊行169000份报纸、17764份书报外，还印刷了148种宣传品236000多份，出版了党刊、教材、课本等24种363000本。人们把《人民报》印刷厂称为“纸弹工厂”。

《人民报》于1949年11月14日在扬州奉命停刊。

31

1943年，日伪军加紧对苏中通、如、海、启地区“清乡”，集中小林师团4000兵力，加上伪军10000人和2500名“清乡”特工、伪警察、伪政府人员，以压倒性的军事优势企图在“清乡”圈内实行伪化，以建成所谓“大东亚圣战的华中确保区”。更为严峻的形势是，日伪军竟然从江南调运过来500万根毛竹，从南通长江边天生港到南黄海之滨的如东南坎约200里地全部用竹篱笆围成封锁线，然后在里边突袭、合围、搜捕新四军苏中四分区军民，以求完全控制这一地区，并以此地区为核心，将“清乡”范围推向整个苏中地区。

中共苏中区党委和四地委预见到局势的严重性，对反“清乡”作了全面的紧急准备。工作部署中有一个看似琐细但却十分重要的环节是，将专为反“清乡”而创办的《东南报》安排到群众中去。

海门、启东及南通东部合并为海启县，由四地委宣传部长洪泽担任县委书记。《东南报》为县委机关报。东南县委决定将《东南报》放在“清乡”区的中心区域，油印出版便于分送、收藏的8开小报。为了加强编辑队伍力量，调派四地委机关报《江海报》编辑马力到《东南报》任总编辑。

《东南报》社采取“流动站”方式，除外出采访外，编辑工作基本都是分散在群众家中进行，所需纸张、油墨等印刷物资也分散在群众家中贮存。油印机以及刻写蜡纸、印刷报纸等核心工作安排在海中区江东乡三友村（今启东市通兴乡场洪村）尹祖陶家里。

尹祖陶曾是公选的农抗会主任，中共党员。反“清乡”准备工作一开始，区委就让他成为隐蔽的乙种党支部成员，表面上辞去农抗会主任，在家种棉花、开豆腐店，喝老酒。尹家地理位置较好，离敌人新增的据点虽然较近，但离北线公路上的大据点六甲镇、吕四镇却有20公里之远，向北转移有较大的回旋余地。近旁地形也好，单家独宅，处在一块条田的中央，一点也不起眼。彼此约定，如果发现敌情尹家就把桥头豆腐店里的豆腐标子放下来；情况紧急就把做豆腐的白笼布扯起来；如果情况危急，就把小鞭炮放在香台上燃放。尹家后面是个小竹林，尽头是一道横河，一旦有情况便可以从暗坝上趟水过去，隐蔽在一望无际的青纱帐里。油印机藏在小竹园内地洞里，用竹叶、杂草伪装好，半夜才取出来在尹家印报。

《东南报》于1943年3月20日创办。采访、写稿、编辑主要是马力、季淮；高风刻写标题、花边、报头和插图；颜辉和高民刻写正文小字。经过5天的努力，一张两面油印的《东南报》在3月26日正式出版创刊号。据颜辉回忆：《东南报》创刊号是用两色滚筒推印的，大段是黑油墨，大标题用了鲜红的油墨。第一条大标题是苏中区党委和苏中军区联合颁布的《反“清乡”紧急动员令》。还刊登了四地委《关于反“清剿”、反“清乡”宣传动员大纲》和海启县委的《三月决议》。创刊号社论由四地委宣传部长兼海启县委书记洪泽撰写，号召全党办报。创刊号中心内容是明确提出反“清乡”必须以武装斗争为前提，以积极斗争为主，全力开展游击战争，掀起群众性的斗争高潮，并运用多种多样的斗争方式，对付复杂的情况，以粉碎敌人的“清乡”阴谋。洪泽看到创刊号后高兴地对大家说，办报也是对敌斗争，报纸办起来了就是胜利，办好了就是更大的胜利。

初创时期的《东南报》正确贯彻了上级党委的指示精神，号召广大干部和民兵“区不离区”、“乡不离乡”，坚持原地斗争，紧密配合了反“清乡”的动员工作，鼓舞和坚定了全县军民斗争的信心。当时，全县有59个乡召开了群众大会，轰轰烈烈开展了反“清乡”的宣传活动。

《东南报》坚持在敌伪用竹篱笆围起来的“清乡”圈内报道反“清乡”斗争。在掌握了敌人活动的规律之后，编辑部同志白天跑反连带采访，交通站同志冒着危险送来各区稿件。晚上更是忙碌，写稿、编辑、排版、刻印、分发，全部工序都赶在拂晓前完成。最后一道工序是必须把所有油印工具、纸张、油墨等全部收藏隐蔽，消灭所有印报痕迹。天快亮了，暂时没有情况，同志们就钻到芦柴窠里睡一会。白天是敌人“拉网”的时候，枪声一响，同志们跳起来就走，和敌人周旋。就这样，《东南报》坚持三天出一期，抗日军民英勇机智与敌人斗争的事迹在铁笔和油墨滚筒下越来越整洁精美地显现在《东南报》上，传送到干部、群众手中。《东南报》顽强生存在敌伪残酷的“军事清乡”圈内，向全县人民群众表明县委、行署、警卫团还在县境原地，对广大干部群众是莫大的鼓舞。

1943年5月，在反“清乡”的紧张斗争中，《东南报》竟然奇迹般出版了套红铅印版。

据颜辉回忆：1943年4月，县委交给原《江海报》社铅印工人何纪刚一个任务，创办《东南报》印刷组，出《东南报》铅印版，使报纸印刷发行量增加到2000份以上。可是，只有一架圆盘机和一些不全的铅字，出版有困难。老何向县委提出要求，打进汇龙镇敌据点伪县政府一家印刷厂，设法搞器材。县委予以批准。何纪刚通过该厂工人刘声、郭胜等人，他们偷偷地把铅字藏在身上，下班后带回宿舍。这样，今天一把，明天一把，积少成多，然后设法送出敌据点。经过一个多月时间，何纪刚带领郭胜等4名工人摆脱了敌人监视，回来办起了

《东南报》印刷组。

印刷组与报社分散行动。出报前，编辑前去印刷组编排、校对。斗争环境非常艰难，印刷组时常变换驻地，工人们靠着两辆独轮小车，推着沉重的器材转移，车轴涂上肥皂水，防止发出吱吱呀呀的声音。尽管环境越来越艰巨，报社还是坚持出了铅印报，以每期3000份到4000份的发行量，广为散发。

敌人对《东南报》恨之入骨，看成是“眼中钉”、“肉中刺”，每时每刻都想要吃掉它，并加紧了对《东南报》社的搜捕与袭击行动。为了保证报纸出版，随时防止敌人突袭，印刷组尽量做到“轻装简从”，拆机器、搬字盘，做到快装、快拉、快运。随着情况越来越紧张，县委作出决定，《东南报》恢复油印版。印刷组人员迅速转移，到分区《江海报》印刷厂报到。报社编辑部曾遭受敌伪特务袭击，幸亏房东尹祖陶全家尽力掩护，报社同志紧急转移，才躲过一劫。但尹家豆腐店伙计却被敌人打成重伤致死。

1943年7月1日，分区司令员陶勇统一指挥了四分区军民火烧竹篱笆的大规模行动。这一夜，东起如东南坎、西至如皋丁堰、南至南通天生港长达100多里的封锁线上，枪声遍野，烈火冲天，几万人一齐动手，烧篱笆、割电线、断桥梁、破公路，敌人苦心经营的篱笆封锁线，在一夜之间遭到毁灭性破坏。东南县委也参加了这一行动，拆除了几十里竹篱笆。这一夜，沿线据点里的日伪军竟然全部不敢出动，眼睁睁看着封锁线毁于烈焰之中。

《东南报》用大量篇幅报道了“火烧竹篱笆”的消息，还刊登了胡石言创作的《“清乡”谣》，这首歌谣词曲都很通俗，随着报纸的发行，在“清乡”圈内的部队、民兵、农抗会员、妇抗会员、儿童团员中广泛流传。

《东南报》社在最艰苦的日子里，不但没有停止出报，而且还编辑出版了《血腥的旗帜》一书。这本书是“清乡”圈内出版的唯一的一本书，集中宣传了反“清乡”斗争的胜利和经验，揭露了日伪军的罪行，是当时继续宣传和组织群众的有力武器，也是反“清乡”斗争的历史见证与记录。

夏秋季攻势中，东南地区县团、区队、民兵游击队参加战斗139次，袭击敌据点44次，把斗争推向了新的高潮。《东南报》的工作随之更加紧张繁忙。主编马力患有严重胃病，在一年半的艰苦斗争中，他的身体更加虚弱，病情加重，但他仍然坚持工作，日以继夜，废寝忘食，从采访、写稿、编辑一直到油印出报，都和同志们一起干，胃病发作时就把腹部顶在桌角上坚持工作。

《东南报》在马力主持下，在严酷的“清乡”圈内核心地区，竟然坚持出版两年之久，成为鼓舞东南地区人民斗争的号角和刺在敌人心脏部位的尖刀。《东南报》采写刊登的许多新闻、通讯，曾被《江海报》《苏中报》《新华日报》乃至中共中央机关报《解放日报》转载。新闻同行们都为能在“清乡”圈这个牛角尖内坚持办报，而且把报纸编写刻印得如此精美而感奋。著名作家阿英在《敌后日记》1943年12月12日特别记载“收到《江海报》《东南报》”。据颜辉回忆：《山东画报》社同志在看到《东南报》后，曾给我们来信，称赞报风活泼，生动有力，题材处理好，中心明确，内容集中，能给人一种强烈的印象，一个县能有这样的报纸，而且在“清乡”圈里办，是很不容易的。

1945年8月，随着抗战胜利，《东南报》停刊。不久后，又在原报社基础上组建《海启大众》，继续在解放战争中发挥新闻舆论作用。此时马力年轻的生命像烛炬一样已经燃烧到尽头，他的胃病越来越严重，终至1946年11月24日英年早逝。他在艰苦的岁月里抱病坚持斗争，日夜辛勤工作，精心主持编辑出版的《东南报》，成为他人生最后时段的光辉记录与碑铭。

32

1946年初，苏中解放区文化工作进入快速发展与繁荣阶段，各种报纸杂志纷纷创刊出版。其中各级党委机关报纸，也随着机构的调整、增加而重新组合或新办。

苏中区与苏北区合并组成苏皖边区政府。苏中三分区与四分区合并组建为苏皖边区一分区。原苏中三、四地委重组为华中一地委。

华中一地委决定将江潮日报社和江海日报社合并组建江海导报社，出版一地委机关报《江海导报》。另将江潮大众社与江海大众社合并，出版新的《江海大众》。新华社苏中三、四支社合并，成立了新华社华中一支社，以领导全分区通讯工作，并负责将本分区的建设事业报道出去。为了加强对党报的领导，成立了党报委员会。

一地委宣传部副部长徐进任《江海导报》社社长，兼任新华社华中一支社社长，后由一地委宣传部长李俊民兼任。凌建华任新华社华中一支社副社长。樊发源任《江海导报》社副社长兼经理，徐中尼任总编辑。

《江海导报》于1945年12月9日创刊，为4开4版2日刊，发行量2万份。

《江海导报》主要读者对象为区、连级以上干部，知识界及各界人士。《江海大众》主要读者对象为乡村级以下干部及广大工农兵群众。

为了进一步加强各级党委的党报观念，认识、爱护、关心、运用党报及通讯组织，使党报高度发挥其宣传作用与组织作用，指导和推动全区各种事业建设，一地委特别发文作出具体决定：

凡党报的社论、专论、短评及党委负责同志的报告，应视同党委的指示，进行研究讨论并遵照执行，推动与组织党内外群众阅读党报，征求其对党报意见，使党的政策、号召、主张，真正贯彻到实际工作中去与群众中去。

各县委应迅速建立或健全新华社县站，并切实领导与运用之，使之成为党委的有力助手。各级党委并运用汇报与报道相结合的新办法，经常将给上级的工作汇报与发支社的新闻通讯稿件直寄县站，以便县站整理发县委及一支社，然后由支社分别处理转送地委或向报社发稿。

各级党委及各机关负责同志，应经常为党报写文章，并具体帮助该组织内之通讯工作的建立与健全，对各属单位之重要新闻及通讯稿件，应负审查之责，并在稿件上签字。

各级党委于建立健全各种通讯组织外，应在现有工农通讯员身上有重点的帮助培养，以便作为今冬明春开展工农通讯运动的有力骨干，在未来的运动中力使全分区的优秀工农群众成为《江海大众》的坚实基础，并使广大工农群众从文化思想上普遍的提高一步，同时真正地使广大工农群众在文化上翻身。

各级党委应充分注意照顾《江海导报》与《江海大众》的发行工作，经常搜集及反映群众对报纸的意见；《江海导报》与《江海大众》委托各级交通局、站，与各地韬奋书店负责发行，各级党委应经常帮助之，为之征求订户，发展代销处，想办法适用各种交通工具，改进传递办法，使发行工作达到普遍、深入、迅速、节约四大要求。并发动群众团体、学校组织读报小组，办黑板报、贴报处，在可能条件下，设法将报纸向解放区以外传送，以便扩大政治影响与推动各地民主运动。

为加强党报的指导性与战斗性，发扬党内外民主及时纠正工作中的弱点与偏向，地委决定在《江海导报》上设批评与建议栏、大众意见箱及短评栏，凡在党报上发表的批评建议与大众意见，均为党内外群众反映，应作为改进工作的参考。凡各地党的组织及党员个人如受到《江海导报》的批评，均应予最短期内以实事求是的态度，负责答复。如有批评属实，则应说明所指缺点及错误发生原因及纠正的办法。如重复错误，则该被批评的党的组织或党员个人将受到应有的处分。

这是一份非常具体细致的党的地方委员会加强对党报工作领导的文件，也是一份革命战争年代党对新闻出版等文化工作极其重视的珍贵的历史档案。

江海導報
中華民國三十七年三月一日
第六〇三號
讀報要目
給蔣匪搶當頭一棒！
泰縣子弟兵打得漂亮！
如皋城郊殲匪兩百多
活捉匪主力副團長營長等軍官十一個
繳重機槍三挺輕機十餘挺八二砲二門
活捉匪官名單
剩家岱重評成份中
開會群衆都不來
毛病出在脫離群衆要求
調劑土地怎麼弄相
夏徐鄉有幾點經驗
一根籐上兩個瓜
佃貧中農是一家
張港互助

《江海导报》

《江海导报》创刊后，围绕战争还是和平这个关系中国前途和命运的大问题，用大量事实报道解放区的和平民主建设和欣欣向荣的景象，摘登江南人民要求和平民主、反对内战独裁的呼声，及时揭露国民党军队蚕食我边区，进行烧杀抢掠的罪行，动员解放区军民保卫和平反对内战。在轰轰烈烈的土地改革运动中，报纸的地方版差不多每天都以整版篇幅刊登有关土地改革的社论、评论、新闻通讯，发挥了集体宣传者和精心组织者的作用。

苏中自卫反击战争一开始，报社立即派出一批记者，随华中野战军主力部队和地方武装及支前民工队伍到战斗前线采访，真实反映了苏中地区这场伟大的人民战争，鼓舞和增强了军民争取胜利的信心。

陈集歼灭战（木刻）　雁白

1946年秋，苏中区党委恢复成立。《江海导报》上升为区党委机关报。

1947年8月，苏中区党委与苏北区党委组建中共华中工委，《江海导报》与《苏北日报》合组为《新华日报》华中版。

《江海导报》上升为苏中区党委机关报之后，原苏皖一分区划为华中一、九两个分区，新建立的华中一地委于1946

年11月重新创办了一份油印报《前线报》，用以指导处于敌后通扬河以南泰兴、泰县、靖江、如皋等4县（统称南线）的工作。地委宣传部长江海粟兼任社长，汪普庆任副社长兼总编辑。《前线报》初为8开2版，后逐步扩大为4开4版。报纸既有电讯，又有大量的地方新闻，还设有文艺副刊等专栏。文字通俗易懂，为群众喜爱。1947年1月1日，在敌人频繁"扫荡"的艰苦环境下坚持出版的《前线报》改为铅印出版。铅印版《前线报》传到敌人占领的泰兴城内，引起极大震惊与恐慌，在敌人眼里，它标志着华中野战军主力部队又回来了！于是，敌人集中大量兵力，日夜"清剿"，反复搜查《前线报》的印刷设备及厂址。报社转移到通扬河以北紫石县水网地区，在渔船上流动办报，再把报纸发行到南线地区。

《江海导报》与《苏北日报》合组《新华日报》华中版后，一地委决定将《前线报》改名为《江海导报》，仍为一地委机关报，于1947年1月1日出版。1949年2月27日，《江海导报》奉命停刊，报社人员并入苏北区党委主办的《苏北日报》。

33

1946年秋，华中野战军战略转移，苏中地区成为敌后游击区。恢复建立中共苏中区党委之后，坚持原地斗争的各县县委为了向广大人民群众及时传达党的声音，纷纷创办县委机关报。一分区有《如皋大众》《紫石大众》《泰县大众》《泰兴大众》《靖江大众》《靖泰大众》《东台大众》《台北大众》等；二分区有《溱潼导报》《兴化大众》《宝应大众》《高邮大众》等；九分区有《南通大众》《海启大众》《如东大众》等。

寶應大眾

武装保卫秋收运动中
要做好的几样工作

寶應大眾

撤得蒋匪手足無措
連退陶林沙滿等地

二分区的县委机关报《宝应大众》

中共紫石县委机关报《紫石大众》是各县报中唯一的一份铅印报纸，8开4版3日刊，于1946年10月29日出版创刊号。

《紫石大众》能够在艰苦的敌后坚持阶段出版铅印版，一个重要条件是早在1946年初，紫石县委就着手筹办印刷

九分区的县委机关报《南通大众》

厂，准备将原先石印的小报《大家看》改为铅印报纸，扩大发行量，藉以指导工作。即由朱平到如皋找到吕斌，吕斌原为姜堰中华印书局印刷工人，他表示愿意承担筹办印刷厂任务。1946年春天，吕斌便数次到紫石县王家楼帮助筹建印刷厂，但此时他还负责为分区财税部门印制田税册，没有留下来。8月，华中野战军主力部队北上，紫石县委从海安镇转移到农村。县委领导为了运用报刊对土地改革和对敌武装斗争进行指导，要求尽快把印刷厂办起来，争取早日出版报纸。这时吕斌已带着人员和印刷设备，随分区财税部门转移到东台三仓河。为了抢在敌人占领海安、梁垛、富安一线之前将吕斌等人员和印刷设备接回，县委派丁克义于9月下旬带一条船去三仓河执行这一任务。

9月底，在海安西北吉庆乡长硌头村，紫石大众印刷厂正式建厂，颜震任厂长，吕斌任副厂长，丁克义任政治指导员。印刷厂主要任务即为承印《紫石大众》。

《紫石大众》主编卢敬，编辑记者有孟亮、陈锋等人，都未办过铅印报纸，不知如何划版样，也不了解编辑部与厂部发稿程序。吕斌分别作了介绍，并且具体示范打了创刊号版样。县委对《紫石大众》创刊号非常满意，指示报纸全部免费发送到各区、乡，一部分中心地区的村也能看到。《紫石大众》发行量为2000份。

1946年底，紫石县四周城镇均被敌人占领，敌人“扫荡”也逐渐频繁。印刷厂将机器安装到船上，铅字架放在岸上，遇有情况随时转移。由于敌人不断蚕食，中心活动区域缩小，报社选择了河道纵横的双溪乡一带作为流动地区，那里有大片草田，小村庄分散在水网之中，比较隐蔽，也便于转移。当然有时也会遭遇敌人突袭。

据丁克义回忆：“记得12月间我们住在夏家舍村时，一天早晨，敌人悄悄从草田窜到夏家舍偷袭，情况十分紧急，铅字架等已来不及转移。房东夏永寿夫妇、夏长荣夫妇帮助我们将印刷机器就地打埋伏。永寿的弟弟不顾敌人机枪子弹在头顶呼啸，毅然划着印刷机船离开了夏家舍。在他们的帮助下，当晚将所有印刷设备转移到杭家墩。职工们连夜突击，赶印出当期报纸。当时印刷厂在一个地方不宜久住，我们曾转移到袁家墩等地方住过。在1947年的8、9月间，国民党的一〇二旅曾突袭到鹿汪，并在鹿汪一带驻剿，离袁家墩很近，我们也是依靠当地群众进行隐蔽的。报纸创刊时县委曾指示，印刷厂要在敌人扫荡、清剿频繁的情况下坚持出版。遵照县委指示，印刷厂紧密地依靠当地群众，在敌人清剿、扫荡时随机应变，能转移则转移，不能转移则隐蔽埋伏设备，争取空隙，抢时间排印，出色地完成了出版任务。”

在艰苦的水网坚持斗争中，曾为《紫石大众》印刷厂的建立作出重要贡献的吕斌和印刷工人徐金义不幸光荣牺牲。他们是在敌人四面封锁的情况下，为了保证《紫石大众》的正常出版，主动要求到南线去购买印报所需的白报纸，在封锁线上被敌人抓捕杀害的。

《紫石大众》大力宣传地方武装在对敌斗争中取得的成果，连续报道敌后游击战中紫石县群众创造的“抽桥运动”、“挖电报柱子运动”（锄奸、搞掉敌人耳目）、“铁番瓜

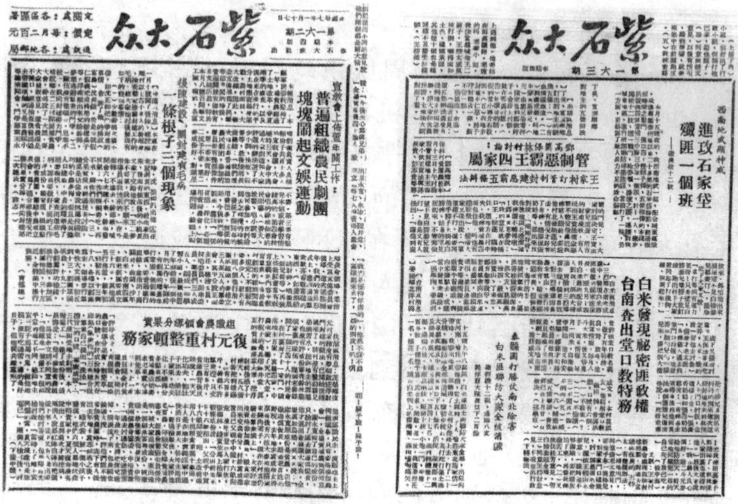
紫石大众
第一六二期
宣教會上佈置了工作
普遍組織農民劇團
塊塊鬧起文娛運動
組織農會領導分果實
復元村重整頓家務

紫石大众
第一六三期
進攻石家垡
殲匪一個班
管制惡霸王四家屬
白米發現秘密匪政權
台南查出堂口教特務

紫石县委机关报《紫石大众》

四面开花运动”（地雷战）、“五囤运动”（囤粮、囤锅、囤船、囤箩、囤麻袋，坚壁清野）等斗争经验和先进人物。还刊登解放区战场的战报、战绩统计和战局述评等，鼓舞全县军民坚持敌后斗争。各类消息和文章大量采用群众的口头语，尽量使初识字的群众看得懂，不识字的群众听得懂。社论大多几百字一篇，文字朴实，说理实在。

1948年3月，紫石县改名为海安县，《紫石大众》从第180期起随之改名为《海安大众》。因上级决定集中力量办好重新恢复原名的地委机关报《江海导报》，《海安大众》于同年5月8日停刊。《紫石大众》《海安大众》共出版203期。

新四军一师除师政治部《抗敌报》之外，各部队也曾办过报纸，其中时间相对较长、影响较大者为三旅政治部《战士报》，后定名为《先进报》，并同时出版《先进》半月刊、《先进画报》。三旅七团政治处《战斗报》虽然存在时间仅两年，但却是新四军创办最早也最有影响力的一份团级报纸，赵坚、卞庸中、胡石言等同志任编辑。因读者对象是战士，编辑部同志们在实践中了解到战士们非常喜爱报纸上的图画，便逐渐增加《战斗报》插图，以致发展成半文半图的准画报。《战斗报》编辑胡石言等同志精心刻印的一份6套色报纸，现今收藏在中国革命军事博物馆，成为苏中革命新闻事业的光荣。

苏中抗日民主根据地所出版报纸中，还有一种特殊报纸，一般称之为“伪伪报”，即伪装的敌伪报纸，以敌占区汉奸报纸面目出现的宣传共产党主张和新四军战绩，用以瓦解、动摇敌伪军的革命报纸。开始时报名常换，后来固定为《申报》苏北版。该报由新四军一师一旅敌工科编辑出版。

《申报》原为上海一张历史悠久的大报。汪伪政权建立后，又出了一张伪《新申报》。用此报名可以不引起敌人注意，能够避开敌伪的搜索，便于敌伪军下层官兵和敌占区人民群众阅读和传播。报纸要编得很巧妙，一下子看不出是共产党、新四军办的报纸，才能设法散发到敌占区去。除报名伪装外，报纸的形式也尽量像敌伪报纸，包括商业广告插图、戏院海报等也一应俱全。标题语言口气鱼目混珠，模糊不清，一读新闻文字，才知是宣传共产党政策、新四军胜利捷报的报道。这份特殊的报纸，一直出版到抗战胜利前夕。

战斗堡垒——出版

34

1938年8月，中共江北特区委员会决定组建大众社，出版《大众周刊》，宣传我党抗日民族统一战线政策，教育、组织群众开展宣传抗日救亡活动，与敌、伪、顽进行斗争。为了避开国民党对申办刊物的审查，大众社声称是从沦陷区转移到江北敌后的原上海《大众周刊》重新出版。上海《大众周刊》是由邹韬奋先生主编、中华职业教育社支持的刊物，因其民主进步立场而有美誉。

《大众周刊》由中共江北特委书记唐守愚直接领导，专职工作人员为吴铭与姚溱。社址设于金沙镇姚溱家中。姚家是金沙镇有名的姚恒盛粮店，姚溱父亲是国民党县党部委员、县教育局长。这些都是较好的工作条件，因此金沙镇也是中共江北特委开展工作的重要基地之一。

《大众周刊》创刊号于1938年8月22日出版。唐守愚专为第一期写了发刊词，阐明了办刊宗旨：我们“愿意做大众的喉舌，我们愿意促成巩固的统一战线之实现”，“在艰苦的争取生存的全民族抗战之中，我们全国大众都是共生死的血亲。《大众》的出刊，不过是借着我们‘为了大众’‘在大众之中’的笔，其实它还是属于‘大众自己’”。

为了表明《大众周刊》是从上海转移复刊的，特在期号之前加上“新”字。

《大众周刊》的主要内容由唐守愚选定，大多数是根据延安出版的《群众》《解放日报》等报刊内容转载或剪辑汇编，宣传我党抗日民族统一战线政策，宣传八路军、新四军与日军战斗和在敌后开展武装斗争的特写与报道。

《大众周刊》具体文字编辑、版式设计等工作由姚溱负责，版面补白亦由姚溱自己写作短文或选择读者可能提出的问题以“大众信箱”名义进行解答。封面木刻与配诗也由姚溱与史白、顾民元等同志商酌。

《大众周刊》每期印刷2000份，吴铭负责发行工作，对外名义为“晓风派报社经销”。据吴铭回忆：“当时处于国民党统治下，我们的发行对象和途径主要有三个方面，一是由特委领导地下党同志包括特委领导成员如陈伟达、洪泽等同志往下疏通；二是通过进步抗日人士的联系；三是通过各种途径在青年中广为发行。所有这些发行工作都是通过地下党的关系直接间接地传给读者。”

《大众周刊》为了体现抗日民族统一战线，也注意每期选登一些国民党包括蒋介石公开号召抗日的言论和材料。同时注意动员与组织苏中地区的抗日革命知识分子和进步青年为刊物写稿。除了姚溱同志每期写的短评外，为《大众周刊》写稿的有李俊民、顾民元、吴天石、史白、施亚夫等，文章大多署以笔名。这批青年知识分子，不久后均成长为苏中抗日民主根据地各级革命干部。

除出版《大众周刊》外，大众社还出版《大众丛书》小册子，第一辑出版了《国民党第一次代表大会文件汇编》，32开本，黄条纹牛皮纸封面。中国国民党第一次全国代表大会形成的文件是奠定第一次国共合作的重要历史文献。江北特委翻印这本文件汇编是为了更好地宣传我党的抗日民族统一政策，强调国共二次合作共同抗日。此书印刷1500本。

《大众周刊》出版后，除对宣传教育青年，进一步组织青年参加抗战起了较大作用外，还有一个很大的作用，就是更加鼓舞了一批过去曾经参加过革命工作、迫切期望党的领导的老同志和革命知识分子。他们从《大众周刊》的出版深切感受到自1933年南通地区中共党组织遭到破坏后，在抗日救亡的新形势下，党组织又来到南通地区肩负起领导革命斗争的重担。

中共江北特委处于地下活动，国民党特务不可能很快弄清地下党组织活动情况，但随着《大众周刊》的发行和日具影响，已经引起特务的注意，有可能从刊物内容及组成人员等方面发现问题。随着整个形势的变化，江北地区国民党顽固派积极准备对我党及一切抗日民主进步势力进行破坏。同时，《大众周刊》也不能完全适应我地下党组织在江北地区更大范围内的活动，中共江北特委决定《大众周刊》停刊，改为开设书店。

唐守愚向吴铭、姚溱传达了特委这一决定，并任命吴铭为书店经理。书店任务是将上海租界出版的各种进步书籍作为精神食粮运到江北经销，扩大进步书籍的影响，吸引与团结进步青年，投入革命队伍。书店定名为“苏北文化服务社”，资金来源即为《大众周刊》结存的白报纸与部分现金。

苏北文化服务社主要进书渠道为上海生活书店以及光明、读者、复社等书店。开始选购的书籍有《什么是列宁主义》《列宁主义问题》《列宁文选》《共产党宣言》以及《西行漫记》《抗日民族统一战线》《论持久战》《抗日游击战争的战略问题》等，以及杂志《学习》《中国农村》等。这些革命书籍以锦章书店、会文堂书店出版的古典小说、文化读物、学生字典等书籍为掩护，混合打包，应付沿途国民党部队哨卡检查，运到江北。

苏北文化服务社在金沙镇花行桥边租了一间店面，挂上“苏北文化服务社”招牌，正式开张营业。

苏北文化服务社主要营业方法是指定路线，流动服务。根据唐守愚布置和安排，服务社在开张后第二天即打包从金沙到了马塘镇，为流动服务的第一站。叶胥朝时任马塘区长，陈伟达、洪泽等不少中共地下党员都在国民党地方武装抗战支队里站住了脚，梁灵光同志在抗战支队任政治部主任。有这么多同志的支持，苏北文化服务社工作开展得非常顺利，吴铭感觉到了马塘就像到了家一样。马塘成了苏北文化服务社的据点，再以马塘为中心，服务辐射到掘港、丰利、苴镇等区域。

第一站服务点是栟茶。主要通过栟茶中学徐静渔介绍学生及当地青年购买革命书籍。从栟茶过去，就到了国民党保安旅薛承宗的驻防地。这里都由中共江北特委委员周一峰进行妥善安排，主要在西场镇，周一峰布置各政训单位前来购买政治书籍。叶胥朝为吴铭介绍的政治处主任李邦权也给以许多工作便利。

苏北文化服务社第一次流动服务的最后一个服务点是何克谦的保安四旅，地点在黄桥附近的古溪镇。该部队政训主任是参加过大革命的陆植三，还有顾理与吴禾生等同志。因为是最后一站，除去原留的一部分书籍外，都是前面几站挑剩下的零星书籍，很不能满足群众需要。他们希望服务社下次能多带些新书、好书来。

第一次流动服务结束后，中共江北特委书记唐守愚对苏北文化服务社得到的良好反映给予好评，并指示吴铭继续坚持，把苏北文化服务社办好。

随着江北特委的工作不断开展，苏北文化服务社的发行范围也更加扩大。从原来主要以马塘为中心的掘港、丰利、唐闸等抗敌支队及区公所，西场及附近的薛旅，黄桥古溪一带何克谦部队等，进一步扩大到金沙区公所及自卫队活动的北新桥三余一带。洪泽、梁灵光等在江家镇、聚星镇等地新成立的抗支第二总队及第二政工队，在海门的活动范围很广，而由于顾民元的活动，政工队曾去启东工作。这些地区也都先后成为苏北文化服务社发行革命进步书籍的阵地。苏北文化服务社的发行工作一度曾遍及周边10多个县区。这些县区各派系的部队都打着“抗日”的旗号，因此苏北文化服务社都有可能通过各种关系推销抗日进步书刊。一段时间内，苏北文化服务社的发行工作还曾发展到苏北特委。唐守愚向吴铭布置工作，说：“俞铭璜曾专门找我谈了他们地区缺乏革命书刊，还说他们的工作范围已经发展到了鲁南，那边更缺乏书刊。因此，要我们今后运销书刊时给他们留一些。”吴铭按照特委指示，多次把从上海采购的书刊运到泰州，设法交给俞铭璜。后来吴铭才知道，俞铭璜在苏北特委工作。

俞铭璜还介绍吴铭送一部分书刊到江都大桥镇。叶飞、管文蔚、惠浴宇所部新四军江北支队驻扎在此地，为新四军东进抗日建立了桥头堡。吴铭见到了韦一平、惠浴宇，他们希望苏北文化服务社经常给部队送书。这样，苏北文化服务社的书刊发行工作直接为新四军服务了，吴铭感到非常欣慰。

上海地下党组织充分利用太平洋战争爆发之前的“孤岛”形势，大量出版革命书籍，运销苏北等敌后地区。有些书如《联共（布）党史简明教程》等供不应求，地下党半公开的发行点亚美书店动员苏北文化服务社与其共同翻印。后来新华社播发了纪念中国共产党诞生17周年的文章《英勇奋斗十七年》，亚美书店又与苏北文化服务社合作印刷出版。这样，苏北文化服务社就从单一行销书刊，发展成了兼营出版业务的综合书店。

为了满足不少追求革命与进步的青年读者的需求，方便群众购书读书，江北特委考虑开设一间固定的书店。吴铭动员了在金沙镇做土布生意的进步青年王雷兄弟俩，筹集资金到环境条件较好的马塘镇开书店。在区长叶胥朝帮助下，书店顺利开张，取名“晓塘书店”，表面上是经营学生文化用品，实际是积极经销苏北文化服务社发行的革命书籍。书店营业状况很好，深受群众欢迎。

新四军东进抗日，建立苏北抗日民主根据地。黄桥决战胜利之后，吴铭接到党组织指示，到卢港向赵毓华报到，随新四军苏北指挥部陶勇纵队到达掘港镇，在掘港西边一座庙内，正式挂上苏北文化服务社招牌，公开营业。

中共苏中区党委建立之后，江北特委工作结束。苏北文化服务社归属苏中区党委第四地方委员会领导。

35

1940年11月，正在开辟创建之中的苏中抗日民主根据地所出版的第一本书籍，是新四军苏北指挥部政治部在海安镇编辑出版的《苏北摩擦真相》。

黄桥决战之后，国民党开动一切宣传机器，大肆宣称所谓新四军不轨行动，将战争责任全盘推卸。为了揭穿国民党谎言，新四军苏北指挥部政治部编印出版《苏北摩擦真相》，陈毅亲自题写书名，并签名落款，以示郑重。

《苏北摩擦真相》序言开宗明义："苏北从六月起发生了首次大规模的摩擦战，究竟真相如何，使爱国同胞极为悬念关怀，我们久想编本小册子来回答这种愿望，都因财力、物力不够而无可奈何！我们不比那些拥有大报馆、大印刷机构的达官贵人，他们可以手订法令，大做文章，大下其抗战必先剿共的命令，我们从各方面受着包围和封锁，我们唯一可依靠的只有同情和真理！苏北的反共顽固派，好像原告一样，告发我们新四军有若干百条，比如杀人放火，共产公妻，出卖祖宗，以及稍带一点客气的不守法令，反对中央，自由越轨之类。原告天天告发，却不准被告（新四军）有申明的机会，这种不平等的官司永远打不清，因为完全由原告一手包办任意作弄，可以抹杀事实，可以制造谣言，可以自相矛盾，而且可以把土匪、汉奸、强盗的不堪入耳的名词加在别人的头上，总而言之，统而言之，天主圣明，臣罪当诛，夫复何言！"

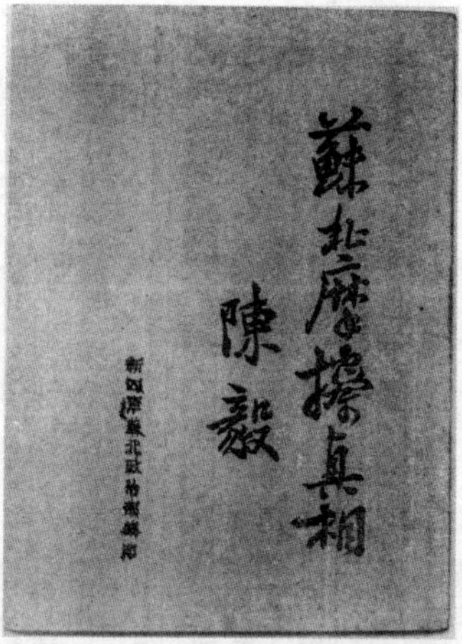

《苏北摩擦真相》（陈毅题写书名）

“这本小册子不过是第一次被告的发言，被告被原告逼得太紧了，包围封锁太厉害了，不得不发言，不得不用铁的事实来辩护，书中所收的文件，都是极机密的，我们请反共先生们原谅我们太不顾情面而戳穿他们的黑幕吧！这是无可奈何的事呀！我们想拿这本小书所记载的事实，同反共先生的言行一一比较，便知道谁有理，谁无理，谁守法，谁犯法，谁抗敌，谁不抗敌，谁团结，谁破坏团结！”

全书分为七编。第一编，新四军被迫渡江；第二编，郭村之役至黄桥之战；第三编，张少华附逆通敌；第四编，新四军营溪奏捷与进军姜堰；第五编，新四军退出姜堰与保卫黄桥；第六编，黄桥战役后省韩与新四军之态度；第七编，附录。各编均以各方军政长官及持公正立场的苏北地方士绅往来信函、电文、军事命令等原始文稿组成，不加任何剪裁，没有任何说明文字，以还原事实真相。特别是第七编附录中公布的第五战区司令长官顾祝同密令武力解决异军电、陆军第一一七师司令部代电、江苏省保安第九旅司令部代电、《剿匪政治工作实施纲要》等国民党军绝密文件，非常清楚地表明国民党顽固派对新四军必欲置之于死地的决心与作战部署，是国民党顽固派反共的铁的证据。

《苏北摩擦真相》序言结束语写道：“末了我们慎重声明，我们刊行此书是为了真理，为了团结，为了抗战，为了促进反共先生的觉悟，为了忠实于抗战建国，区区之诚敬祈国人鉴察。”

《苏北摩擦真相》32开，93页，土纸竖排铅印，出版日期为1940年11月。从粗糙的土黄色印刷用纸、浓淡不匀以致字迹模糊的印刷油墨，以及书后加印的密密麻麻的“勘误表”，可见此时苏中根据地创建初期出版条件之简陋与艰苦，就是在这样极其困难的条件下，开始了苏中根据地的图书出版事业。

1941年5月，中共苏中区党委四地委买下在掘港胡家园承印《东南晨报》的私营焕记印刷所的印刷器材，同时接受印刷所全部职工，成立四分区印务局。地委调派吴铭任印务局负责人，王文亮任政治指导员。8月，日军侵占马塘、掘港等城镇。《东南晨报》停刊。四分区印务局全部器材打埋伏，人员分散安排。四地委将东南县委《江海报》上升为地委机关报，并接办了原县委印刷厂，原厂址在海门通星镇育婴堂，只有5名职工，一部四开机，一部圆盘机。地委接办后，将厂址迁往镇西数里一座小学校内，从原四分区印务局所埋伏的器材中运来部分铅字，职工增加到20余人，与《江海报》社、苏北文化服务社等单位联合成立党支部，重组四分区印务局，主要印刷《江海报》《江海大众》等。

1942年5月，日伪军大“扫荡”，通吕运河沿线筑起大量据点。四分区印务局迁往六甲北姚家仓，与电台、报社、书店等单位险遭下乡“扫荡”的日伪军袭击。紧急转移中，同志们遇河渡河，见沟越沟。岸陡沟深，许多女同志难以跋涉。危急时刻，印刷工人何纪纲屹立河水之中，在“嗖——

嗖——”枪声中将女同志一个个拉过河去，冲出了敌人包围圈。印务局职工被冲散，一时失去了联系。工厂暂时停止生产，《江海报》开始发行油印报。分散坚持两个月后，职工们重新汇合到石港北孙家屋子窝，恢复生产。

1943年春节后，地委调派陆晋任四分区印务局负责人，吴铭去敌占区做地下工作。四分区在孙家屋子窝生产了近5个月。这期间生产条件极其简陋，工人生活非常艰苦，吃杂粮，穿破衣，甚至在寒风刺骨、冰天雪地的数九寒天，还穿着草鞋。生产任务又特别繁重，工人们几乎不分日夜地工作着。可是，大家生活得很快乐，紧张生产之余，依然开展政治、文化活动，上政治课，写墙报稿，开时事问答会，下河摸鱼、学撑船……党组织为了帮助工人们政治上进步成长，经常派地委、报社的同志到工厂来上政治课。在通星镇期间，地委宣传部长洪泽每周都要到厂里来一次，每次都在车间里呆上很长时间，与工人谈心，直到深夜才离去。当发现工人在寒天还穿着草鞋时，在极端困难的情况下，地委领导还是决定发给工人每人一双棉鞋、两双棉袜。倪仁、何纪纲、徐刚等人忆及：工人陈云桥生产时手被机器轧伤了，洪泽常挤出时间去看望，像对待自己的亲兄弟一样。报社同志想尽办法，每人给陈云桥送了两只鸡蛋。工人感慨万千：“在旧社会，我们轧伤了手，早被资本家骂得要死，踢到门外去了，可是现在却像上了天堂！”有几次，工人回家探亲，家里人告诉说，有人送来了粮食，可不知是谁送的。后来一打听，才知道是党组织了解到一些工人家里生活确实困难，通过当地政府部门设法调度来的。生产任务紧张时，印务局领导干部都来车间帮着踏机器、折纸、装订。工人们知道他们都很忙，很辛苦，一再谢绝。可他们总是说：“大家动手，多少可以减轻你们的负担啊！”

1943年3月间，日伪军沿长沙、北坎一线打起竹篱笆，建筑梅花据点，开始“清乡”。斗争形势转入严峻，四分区印务局被迫再次停产打埋伏。9月，四分区印务局决定部分恢复生产，组建人数较少的四分区印刷所。

1944年2月，四分区印刷所转移至二分区的角斜镇附近陆子苴。上级决定将该印刷所移交给二地委出版铅印《群众报》。不久印刷所又迁移到距陆子苴20余里的东北匡，这是海滨一个荒芜的盐场，人烟稀少，方圆数里内只有疏疏落落的几户茅屋人家。

印刷所在荒野里搭起了十几间草屋，开始印刷二地委《群众报》。随着形势发展的需要，工厂渐渐扩大，除报纸外，还负责印刷文件、书籍以及苏中军区卫生部刊物。虽然设备简单，器材不足，像排卫生部资料，百个字往往要缺两三个字，但在工人们的努力下，克服重重困难，保证了生产。在“一切为了前线，一切为了抗日”的号召下，工人们紧张艰苦的生活里也充满了快乐。每天早晨，天刚蒙蒙亮，宁静的盐场上便出现了工人们出操的行列。夏天日长，下班后便又到盐场上去打球、练习投手榴弹。晚上，则在豆油灯下学习政治，津津有味地谈论着国际国内形势，或者举行文娱晚会，唱歌、讲故事……

1944年10月，二分区撤销，《群众报》停刊，印刷所重回四分区。1945年4月，印刷所迁移到北行五六里的南腰舍，工人增加到40多人，除印刷四地委《江海报》外，还承印大批教科书和宣传画，生产任务急遽增加。1945年8月，抗战胜利。地委指示，印刷厂随《江海报》社南移，先后在角斜、海安、柴湾等地生产，一面转移，一面出报，逐步迁往掘港镇。

印刷厂到达掘港以后，上级决定，厂部独立，定名为《江海报》印刷厂，业务扩大，接受各方面印件业务。高风任厂党支部书记兼政治指导员，倪仁任厂长，马骏任工务主任。

1945年11月，苏中三、四分区合并，成立苏皖边区一分区。华中一地委及苏皖一分区专员公署机关驻如皋城。地委决定，原三分区《江潮报》停刊，印刷厂部分人员与原四分区《江海报》印刷厂合并。原三分区大众书店与原四分区明理书店合并，定名“韬奋书店”。新组建的印刷厂分为报版部与书版部。原《江潮报》社印刷厂印地委党报《江海导报》，原《江海报》印刷厂印韬奋书店书籍。对两厂人员也进行调整，原《江海报》报版人员调新报版部，原《江潮报》报版部人员调新报版部。《江海导报》印刷厂驻如皋城东门外。书店印刷厂迁至海安东部西场北戚家庄。同年12月，为纪念邹韬奋先生，地委决定将书店印刷厂定名为韬奋印刷厂，鼓励大家发扬韬奋精神，做好党的出版事业。12月9日，一地委《江海导报》为韬奋书店、韬奋印刷厂的成立以专刊形式作了大篇幅专题报道，发表了塞茄的《悼念韬奋先生》、叶中的《韬奋与一二九》等文章。

高风任韬奋印刷厂政治指导员，倪仁任厂长。不久高风调离，夏玉良接任政治指导员兼副厂长。工务主任仍为马骏。1946年3月，韬奋印刷厂迁至如皋城马家巷，实行企业化，建立账册，单独核算，实行低薪制，并开始筹建江海印刷公司。内战爆发后，江海印刷公司停办，韬奋印刷厂随战场转移迁至如东栟茶刘家园，后又迁往东台县西渣，坚持生产。

苏中战役之后，华中野战军主力北撤，苏皖一分区重新划分为华中一、九两个分区。韬奋印刷厂部分人员与器材留在一分区。36名精干工人、干部在倪仁厂长带领下，奔赴斗争尖锐、复杂的九分区战场，在如东周家岭坚持出版报纸和书籍。

36

苏中抗日民主根据地建立之后，各级党政领导均十分重视普及文化教育，发展抗日文化事业，以提高民族觉悟，动员人民群众投入抗战，以民族精神和民主思想教育和培养年青一代。至1944年，苏中区已有中学54所，在校学生8000余人；小学1548所，在校学生156638人。各级党政军机关均办有各种培训班，教育和培养了一大批优秀干部和专业人才，输送到根据地建设和部队各个战线岗位上。持续数年的农村“冬学”识字运动，使大量农民告别文盲，提高了文化水平。如此伟大的教育实践，如此庞大的学生队伍，必然给教科用图书的出版提出相应的要求。

1942年初，为解决根据地学校课本问题，苏中四分区如中行署决定筹办如中书店，调派陈一清负责筹办事宜。此时人员、器材设备等均一无所有，一切白手起家。为了解决印刷设备，陈一清首先找到老朋友任楚材。任楚材在双甸镇敌据点里办了一个楚材印刷所，有两部石印机，一架四开盘机。经过协商，任楚材愿意将印刷机器全部拉到根据地。接着陈一清又找到在如皋城里办印刷所的老朋友聂观余，请聂支持一台石印机。任、聂两人的设备，均以作价入股的方式处理，年底以盈利分红。为便于工作，陈一清聘请任、聂两位为业务副经理，主要任务是采购印刷材料，每人每月工资是120斤杂粮。接着，陈一清深入敌伪据点，通过关系，采购了一些纸张、油墨和印刷所需用品，招聘了十来个在乡村避难的印刷工人，于1942年2月间在葛家圩子建立了颜如印刷所，后定名为如中书店。

时任如中书店会计崔木三回忆道：书店初建时，如中行署即交办两项重要任务，一是赶印“如东县征收公粮的公告”和公粮收据，要求在麦收前印好。第二项任务是印制抗日课本，这是书店主要工作任务。行署文教科要求在秋季开学时，学校都要用上新教材、新课本。书店技术工人大都来自敌占区，陈一清作了政治动员，强调印制抗日课本，是对敌斗争的需要，是教育下一代的大事。在敌人的眼皮底下开印刷厂，条件艰苦，要有足够的勇气和不怕牺牲的精神。大家的到来，参与印刷事业，也就是参加了革命工作。工人们意识到是参加新四军抗日工作，身负光荣的革命任务，热情十分高涨。大家克服重重困难，投入紧张生产。圆盘机主要印刷小学一、二年级课本，没有大号铅字，全由周益三夫妇手工木刻，每种印刷5000册。三、四年级的语文课本，用石印机印，由袁孝达誊写制版，每种印3000册。石印制版比较复杂，要经过磨光石板、誊写上版、硝酸腐蚀、水磨、修版等多道工序，制一块版，最快也要三四天才能完成。一天最多只能印1000张。

尽管设备简陋，操作原始，工作量大，但大家团结一心，日以继夜工作，没有人叫苦叫累。圆盘机都是用脚踏的，印起来很吃力，同志们谁有空谁就主动上去帮助踏车。为了赶印课本，白天不够用，买了三盏汽灯，晚上开夜工。将门窗用草帘遮严，不让光线透到外面，以防敌人发现。为了确保安全，外面有人负责放哨。正当夏天，晚上在不透风的屋里印书，闷热难当。再加蚊虫叮咬，更加难受。工人们在车间里放上两缸井水降温，打着赤膊工作，肩上搭一条冷毛巾。太热了，就到门外吹吹风回屋再干，每夜都要加班到11点。

如中书店驻地距双甸12华里，距石甸13华里，距丁堰

18华里，四周都有敌伪军据点。敌人经常下乡“扫荡”、“清乡”，书店必须根据斗争形势经常转移，不能固定在一个地方生产。据崔木三回忆：“有一次我们正在船上装运机器，准备转移到小陈庄，发现日本鬼子下乡来‘扫荡’了。我们那时有20多人，木船一次装不了，只得分两批过河。第一批人刚过河，就听到区游击队和日本鬼子接上了火。当第二批人过河时，有人心慌，船一晃动，陈一清掉入河中。他不会游泳，呛了几口水，当被同志们救上来后，咳了一口鲜血。敌人撤退后，我们返回驻地，陈一清发寒热，咳血增加，我们到铁果乡请了一位医生进行治疗，病情才有好转。1943年春天，日本鬼子向如中地区‘围剿’，我们及时获得了情报，就将所有物资全部埋伏到麦田里，机器设备则投入河中，人员安全转移。敌人去后，我们再把机器打捞上来。哪知唯一的一架圆盘机断了一条腿，无法印书。大家想办法找来一个木匠，做了一个假腿，用夹板固定，又继续生产了。在这两年中，我们碰到大小‘情况’10多次，但没有受到多大损失。”

如中书店所印小学课本，由如中行署文教处组织编写。在1941年底，文教科组成以蔡迪、徐静渔等领导的教材编辑组，并在短期内编选了一至四年级的语文、算术教科书。他们主要以旧教材为基础，利用增、删、改、剔的编辑方法。所谓增，就是在旧教材的基础上增加抗日救国和乡土教材的内容；删，就是删去旧教材课文中思想性不强的部分；改，就是对旧教材课文中深奥难懂的词语和习题进行改写；剔，就是剔除旧教材课文中内容反动的文章。

苏中抗日民主根据地各分区学校教材编辑一般均采取如中书店类似办法，在国语类教材中除保留旧教材中可用课文外，选用报刊上刊登的有关抗战的文章和文学作品，以对学生进行民族精神与爱国主义教育。历史教科用书则大多编选民族英雄岳飞、文天祥等历史人物和其故事及近百年来的革命斗争历史常识。地理教科用书主要选编各根据地及各大抗日战场的地理位置及交通、河流、矿藏资源及军事政治形势等文章。算术教科书，则往往在应用题文字内容上结合对敌斗争和生产实际并开设珠算和记账等实用技能训练课程，以适应群众需要。音乐教材，当然更以抗日救亡以及革命歌曲为主。

苏中二分区专署文教处长孙蔚民则根据斗争环境实际，尝试编写了小学、私塾两用教材四种，分别为《新三字经》，反映抗日及民主建设的新内容；《农民需知》，上卷题为“五谷丰登”，下卷题为“人畜安全”；《国民必读》，上卷题为“谈天说地”，下卷题为“古往今来”；《四书精华》，上卷题为“做人做事”，下卷题为“学文用文”。以上四种教材，标题通俗醒目，语言浅显易懂，把语文、自然、历史、地理、修身等科目内容跟抗日与民主建设形势有机结合起来，因此深受根据地群众欢迎。

如中书店在两年时间里，印刷了一至六年级全部语文课本，印刷了四个季度的征收公粮收据，圆满完成了如中行署交给的任务。

37

1944年初，日伪军在第一期“清乡”被粉碎之后，又重新调集兵力进行第二期“清乡”，四分区斗争形势更加艰难严峻。如中书店为保证对根据地学校课本的供应，奉命向二分区转移。在交通站护送下，越过两道敌封锁线和数十里伪化地区，人员和设备胜利到达东台县三仓河袁家墩子，这一带为海边盐滩草场。陈一清按照四地委指示，与二地委取得联系，确定书店隶属二专署文教科领导，解决了给养供应关系，同时决定将书店名称改为“明理书店”。苏中区党委1942年底决定开展根据地农村“冬学”运动时，曾提出“读书明理”的号召，“明理第一，识字第二，以首先弄明白抗日的道理”。这也是书店编辑出版图书及学校教材的方针。

明理书店在二专署领导下，机构编制有了扩大，业务工作得到了发展。陈一清任经理，二专署派陈亚明任副经理，陈泰然任会计。书店近30人，设有总务科、印刷科、营业科等部门。纸张油墨等印刷器材在上海购买，从海上运进来也比较方便。加之环境相对稳定，为书店生产提供了较好的条件。书店不仅印课本，供应二、四分区的小学，还开始印刷一些抗日歌曲小册子以及“冬学”识字班用的《明理课本》，并发展到印刷中国共产党领导人毛泽东同志的肖像，翻印政治理论书籍以及文艺图书。

苏中区开展的群众教育运动总的要求是“明理识字”，让群众懂得抗日救国、民主建设的道理，一切服从抗日斗争、民主斗争的需要。利用农闲，开展“冬学”运动，是根据地各级党政部门的重要任务。因此，必须编印一大批适合于群众教育的教科书，即“冬学”课本。明理书店印行的《明理课本》，曾发行到二、四分区千万农民手中。

从1941年冬开始的苏中区“冬学”运动，教材由各地行署、专署或县文教科组织编印。教材名称不一，如《国民读本》《民兵读本》等。1942年苏中行署文教处编印教材称为《万事通》，内容很丰富，从当前斗争的形势、任务、政策，讲到根据地建设的各项工作，如发展生产、减租减息、拥军优抗、交公粮等，以及有关民兵、妇女、科学、卫生等教育内容，全书共10个单元，40余课，文字浅显生动，活泼有趣。该处1943年将此书重加修订编辑，定名为《国民读本》。

各分区专署所编“冬学”教材各具特色。二分区文教处孙蔚民所编《天下大事》，广泛收集了民间流行的小调曲谱，重新填写新词，便于群众演唱，群众朗朗上口，很容易记忆，使冬学收到很好成效。三分区编辑的“冬学”教材，由专员兼冬学指导委员会主任朱克靖亲自修改审定，印刷6万册分发各县区使用。

明理书店此时尚没有编辑力量，所印书籍都是由政府和部队有关部门编好后由明理书店承印和发行的。所印“明理”版图书中，影响最大者为苏中区党委宣传部长俞铭璜所著《新人生观》第三版。

俞铭璜，如皋人，抗战时期苏中苏北著名的“四才子”之一，陈毅曾评价：“俞铭璜这个人，是个多面手，年青肯干，能说会写。”《新人生观》是俞铭璜针对苏中地区青年知识分子由于地处京沪附近，长期受到蒋、日、伪封建正统、奴化思想教育和宣传影响，以及受到党的“左倾”盲动主义错误而导致红十四军和苏维埃运动失败的影响，对我党我军的性质、特点、任务不甚了了，以致存有怀疑和忧虑、行动上持疏远观望甚至反对态度等具体情况而撰写的一本青年思想教育和励志修养读物。1943年《新人生观》在苏中出版发行之后，很受读者特别是青年知识分子的欢迎。明理书店版《新人生观》为三版修订本，封面装帧朴素大方，简洁明快，以美术体字横排书名，以变体宋字横排作者名，右下端绘有简单的装饰图案，左下端以变体宋字排印出版者名称。在书籍封面设计中较多使用变体宋字，成为苏中根据地出版物一大时尚和特征。

明理书店书籍印好后，打成小包，交由交通站传递。书店与交通站建立了书籍代销和转运关系，由他们把书送到收书单位和学校，并由其代订书籍、代收结算书款。

毛泽东《在延安文艺座谈会上的讲话》传达到苏中抗日根据地之后，明理书店更加明确了服务的方向。明理书店在其自印书籍扉页上刊印书店广告，宣传介绍明理书店，是新民主主义文化的传播者，是工农兵的忠实服务者：

> 出版宗旨，为传播文化，努力于根据地文化建设事业，结合根据地当前斗争，为工农兵服务；编印各种通俗读物，供我党政军民文化粮食，并编印普通科学知识读物，群众教材及小学教科书等。凡我根据地出版之书报及其他各种刊物，本店均负责发行或代理发行；对外地读者，还可函购，各机关部队如委托印刷表册书报刊物，均受欢迎。

随着抗日战争从战略相持转向局部反攻，苏中艰苦的反“清乡”、反“扫荡”斗争取得了胜利，抗日民主政权日益巩固。为适应反攻形势需要，苏中区调整行政区划，二分区撤销，东台、台北划入四分区。四地委、专署、分区司令部等机关先后迁往三仓河一带，明理书店又归属四专署领导。此时南线一些中学也迁来和二联中合并成立四联中、四专校。明理书店印刷发行任务因之急速增加。

1945年9月上旬，明理书店随四地委和分区机关回迁如东掘港镇。地委决定进行机构调整，工厂和书店分开，印刷科人员和器材并入《江海报》印刷厂；明理书店在掘港东街砖桥东首坐南朝北开设了门市部，出售书籍报刊，深受读者欢迎。营业部由新调来的陈醒负责。12月，苏中三、四分区在如皋合并成立苏皖边区一分区。明理书店也随迁如皋，与三分区大众书店合并成立韬奋书店。

38

1940年9月，上海生活书店、读书生活出版社、新知书店实行三家大联合，按照党组织要求，从设在上海的分店或办事处抽人去苏北抗日民主根据地开展图书出版发行工作。10月，在盐城成立大众书店总店，同时于黄桥、海安、东台成立大众书店分店。

大众书店初期的业务主要发行直接从上海运来的书籍报刊。所发行书刊品种较多，计有马列主义原著、毛泽东著作、鲁迅著作、哲学社会科学书籍及中外文学艺术作品等等。但是运销这些书籍必须冲破敌伪顽多重封锁线，显然不是长久之计。因此，中共华中局决定成立江淮出版社，隶属于大众书店，编辑出版适合根据地建设需要的图书。

大众书店编辑出版的图书主要有政治理论读物和木刻宣传画两种。政治理论书籍有陈毅《目前苏北应该做些什么》、刘少奇《苏北目前的形势和任务》、薛暮桥《中国革命问题》、彭德怀《民主政治与三三制的组织形式》等23种。木刻画集有芦芒等《木刻选集》《中共中央挽救时局危机二十条办法图解》《江淮木刻漫画众刊》等6种。

大众书店承印出版的刊物先后有《江淮杂志》《江淮文化》《江淮艺术》《苏北记者》《实践》《抗大校刊》等多种。

日军发起对盐阜区大“扫荡”之后，大众书店总店被迫停止营业。大众书店在苏中区的三家分店中，黄桥分店成为隶属三分区专署领导的书店，仍沿用大众书店名称。嵇德华任三分区大众书店经理。与所有坚持敌后战斗的单位一样，三分区大众书店，在频繁的反“扫荡”、反“清乡”、反“清剿”斗争中，始终顽强地战斗在文化战线前哨，圆满完成专署交给的根据地印刷出版及发行任务，直至抗战胜利。1945年12月9日，三分区大众书店与四分区明理书店在如皋合并成立韬奋书店。《江海导报》发表的《韬奋书店开幕祝词》中写道：

> 今天“大众书店”改名“韬奋书店”，我们纪念韬奋同志，我们向坚持敌后抗战而死难的文化烈士致敬，我们值得歌颂几年来“大众书店”在文化阵线上的斗争业绩，我们更为新的“韬奋书店”的开幕而祝贺。由于这个文化出版机关的诞生，今后分区文化运动，当有突飞猛进的开展。

苏中三分区除大众书店外，三地委机关报《江潮报》社也曾以江潮出版社名义编辑出版图书。

江潮出版社所编辑出版图书大多为配合抗日战争形势宣传服务，有政治理论读物及抗战文艺作品等。这些图书上均有江潮出版社的社徽标志：两支交叉的长枪、红旗和五角星组成的木刻画图案，以及汹涌澎湃的江潮等两幅图案。

1943年11月20日出版的《回忆与感想》，是江潮出版社出版图书重要作品之一。《回忆与感想》由时任苏中第三行政专员公署的专员朱克靖撰写，朱克靖时任《江潮报》编辑部编辑。该书原系作者为纪念新四军成立六周年而作，最先登载于《江潮报》1943年10月，分8期登完，在根据地军民中引起极大反响。故《江潮报》社编辑部决定将其汇编出版，以此作为纪念新四军成立六周年的重要宣传活动。全书44

页，64开，正文分8个部分，每个部分均立有小标题。每册定价为抗币2角。书中涉及抗战期间知名人士达50余人，内容翔实，具有较强的可读性，对后人研究新四军军史及抗日战争史，具有重要的史料价值。

《回忆与感想》书名以美术体字通贯封面中部，并下列副标题："为新四军成立六周年纪念而作"，左上部分有一木刻画装饰，画面是一骑马新四军战士，右手指向前方，紧跟其后的是一大队新四军人马。封面上下边缘分别署名著作人朱克靖及"苏中三分区江潮出版社"字样。同时封面上还印有江潮出版社徽标。

江潮出版社出版图书大多在封二或封底印有出版日期，分别采用民国纪年和公元纪年。封三印有新书预告，《回忆与感想》新书预告为即将出版的《九一八以来》。

1944年初，苏中区党委决定上调三分区《江潮报》印刷厂部分人员和设备，组建苏中印刷厂出版部，印刷和供应新四军一师及苏中区党政干部整风学习所需政治理论学习材料，兼印一般图书。江潮出版社停办。

1944年2月，《江潮报》印刷厂20余人，在张锡文厂长、江立指导员带领下，从距西来据点仅两华里的印刷厂驻地八圩村出发，推着30多辆装满机器设备的独轮车，夜行晓宿，经两个多月时间长途跋涉，途经海安、东台、盐城、阜宁、建阳等县，于5月初到达宝应县城东北刚经过车桥战役解放的西安丰镇和射阳湖镇周边地区，与《苏中报》社印刷厂报版部同志们汇合。

39

“邹韬奋先生20余年为救国运动，为民主政治，为文化事业，奋斗不息，虽坐监流亡，决不屈于强暴，决不改变主张，直到生命最后一息，犹殷殷以人民为念，其精神将长存人间，其著作将永垂不朽。”这是一地委机关报《江海导报》为祝贺韬奋书店开幕所作祝词中开宗明义之言，书店以韬奋名之，即为对邹韬奋先生永久之纪念。地委在祝词中期望，韬奋书店“这个文化出版机关的诞生，今后分区文化运动，当有突飞猛进的开展”。地委要求，“韬奋书店的出版物，既要照顾城市，更不能忘记农村，而且要以农村为基地，努力贯彻工农兵大众教育文化的方向”。

“推销解放区以外出版的进步书刊，实行与解放区的文化交流，因此我们的出版品，不能老靠编印，我们要学习许多进步文化人茹苦含辛，不惧刀钺斧锯所写下的血与泪的结晶，这是他们努力的光辉成果，我们应该尊重，我们应该接受。”

“韬奋书店要负起团结文化人和培养文化工作干部的任务，使他们各展所长、人尽其才，而且应当尽力帮助其他兄弟文化机关团体，以促成全分区文化教育界的大团结，以求得全分区文化运动的普遍而深入的开展。”

韬奋书店由原三分区设于黄桥的大众书店与四分区设于掘港的明理书店在如皋合并而成。书店由一地委宣传部长、文教委员会书记李俊民直接领导。经理汪普庆兼编辑部主任；副经理陈一清（原明理书店经理）兼管总务科；副经理嵇德华（原大众书店经理）分管经营；襄理罗扬，和朱萍、施志强负责对上海进步书刊的采购运输；编辑部文字编辑有汪普庆、丘晓、袁明、夏理亚、章品镇、任何、史略、汪蓁子等；美术编辑有蔡雄、吕荷僧、史白等；营业部部长吴铭。此外尚有总务科、会计室等。内部结构充实，人员大幅度增加，共约40余人。

韬奋书店编辑部实际上也是苏皖边区文艺协会一分区文协分会编辑部，地委宣传部长李俊民兼任一分区文协分会主席，由其主编的文协分会大型综合性期刊《文综》，即由韬奋书店编辑部编辑出版。

韬奋书店总店设在如皋城。随后相继在苏皖边区一分区所属各县境分设韬奋书店支店，计有马塘镇如东支店，金沙镇南通支店，聚星镇东南支店，季家市靖江支店，姜堰镇泰州支店，黄桥镇泰兴支店，海安镇紫石支店，东台镇东台支店，大中集台北支店等，这些县属支店都是在独立经营方针下建立的。1946年4月，中共华中分局在淮阴召开华中宣传文教工作大会，韬奋书店汪普庆、嵇德华、朱萍三人出席了大会。汪普庆代表韬奋书店在出版组会议上介绍了《建立县店工作的几点经验》。

韬奋书店地处华中解放区前哨，在反对内战、争取和平民主的斗争中，以及开展对国统区的宣传工作中有着重要的作用。在迎接解放区的文化建设高潮和争取和平的斗争中，大量出版发行了宣传我党政治主张和反映人民要求的图书报刊。

韬奋书店编辑部自编出版的学校教材有：小学课本《实用自然》《实用常识》《实用国语》《实用社会》《高级实用算术》等；中学教科书《中国近百年史话》《中国政治讲话》《初中国文选》等；群众教育《冬学教材》《妇女读本》等。

韬奋书店编辑出版的文艺刊物有李俊民任主编，丘晓、任何、史略、章品镇等编辑的16开本综合性双月刊《文综》，1946年初创刊，共发行6期。汪普庆、夏理亚主编的供工农群众阅读的32开本通俗文艺季刊《民间》，先后发行3期。此外还出版了《江海大众》、前线剧团编辑的《戏剧与音乐》以及蔡雄等编辑的《大众画报》等期刊。

韬奋书店翻印出版的社会科学、政治理论书籍有毛泽东的《新民主主义论》和《论联合政府》，刘少奇的《论共产党员的修养》，朱德的《论解放区战场》等中共领导人重要论著；另外还有《列宁与斯大林》《列宁在1918年》《中国现代革命运动史》《社会科学基础教程》《天下大事》《土地政策》《评中国之命运》《中国史话》等。

韬奋书店编辑出版的文艺书籍，小说集有丘东平《茅山下》等；剧本有吴强《丁赞亭》、西蒙《重庆交响曲》、姜旭《刘桂英是朵大红花》、石流《维持维持》、夏征农、吴天石、沈西蒙合著历史剧《甲申记》等；报告文学有《泰兴战役英雄集》《上饶集中营》《二万五千里长征》等。艺术类有《青年歌声》《秧歌舞》以及吕荷僧《春牛图》《福》等美术作品。

韬奋书店这些自编出版的书籍杂志，除在解放区发行外，还通过秘密渠道运送到上海，委托上海书报杂志联合发行所同志代为组织销售。一部分书刊也通过已为我方接受的如皋邮局邮寄发往重庆、昆明、港澳地区，受到蒋管区读者和文化界的欢迎重视，并给予很高评价。

韬奋书店大量经销革命进步书籍，深受解放区读者欢迎，短短数月内，业务量猛增。傅南采访老同志后著文记述：韬奋书店总店门市部开设于如皋城内大治巷40号，坐东朝西三间店面，编辑部、仓库、宿舍则在对门三进房的院子里，是一个很像样的书店了。门市经营项目除经销近400种图书报刊外，还销售文具、代订沪版书报杂志等。所销图书除自编出版外，更多的是从上海运来的时代、生活、读书、新知、文化出版社及书店出版的进步书刊，有《时代》《民主》《文萃》等杂志，有肖洛霍夫《静静的顿河》、高尔基《母亲》、茅盾《子夜》、巴金《激流三部曲》等文学作品以及鲁迅著作、郭沫若作品等。亦有解放区出版文学作品，如赵树理《李有才板话》、艾青《雪里钻》等，解放区刊物《新华文摘》《新文摘》《生活》周刊等。书店面向苏皖边区一分区12个县，直接为全区的干部、群众、青年、知识分子和工农大众服务，传播马列主义毛泽东思想和科学、文化、革命知识，影响了不少人走上革命的道路，奔赴火热的斗争前线，充分发挥了党的宣传阵地和战斗堡垒作用。韬奋书店虽然在如皋的时间只有短短的7个月，但通过图书出版和发行团结了一大批知识分子、文化教育界人士，成为苏中、苏北解放区的文化窗口和文艺前哨阵地。

1946年6月，蒋介石撕毁停战协定，悍然发动全面内战。国民党徐州绥靖区司令长官李默庵率领3个整编师近12万兵力从泰州至南通一线部署对我苏中解放区发起进攻。7月13日，粟裕司令员指挥华中野战军发起苏中战役，迎战进犯之敌。17日晚，苏皖一分区及地委机关撤出如皋城。韬奋书店亦随之撤出，先转移到海安洋蛮河，稍后又转移到东台的东广营、鲁灶庙一带。

在随军作战转移过程中，韬奋书店一边行军运动，一边继续设摊营业，并坚持出版《江海大众》杂志。

苏中战役胜利结束后，华中野战军主力部队战略北移，苏中主要城市点线相继被敌军占领。随着局势的急遽变化，1946年8月，华中分局决定重新划分华中各分区行政区域，原苏皖一分区分为一、九两个分区。

韬奋书店随之同时分为一、九两个分区书店，随地委专

百万雄师下江南（木刻）　杨涵

署机关行动。一分区韬奋书店留在东台、台北地区坚持图书发行工作。原经理汪普庆在撤出如皋后即调一分区南线主编《江海前线》，周天泽调任经理。9月，新的苏中区党委成立，决定把一分区韬奋书店上升为苏中韬奋书店总店，作为敌后地区书店的领导机构；另组一分区韬奋书店转战到一分区南线（通扬运河以南至长江边各县），由嵇德华任经理。

1946年11月，苏中、苏北区党委合并成立中共华中工委。12月，苏中韬奋书店总店与苏北新华书店合并，成立华中新华书店。

1948年4月4日，一分区韬奋书店在《江海导报》刊登启事：《韬奋书店改名了》，统一使用新华书店的店名，开始谱写新华书店的新篇章。

九分区韬奋书店由经理陈一清从东台带来4位同志，于1946年9月间，在如东掘港镇组建成立。同年11月下旬，盐

华中新华书店出版的《社会发展史略》

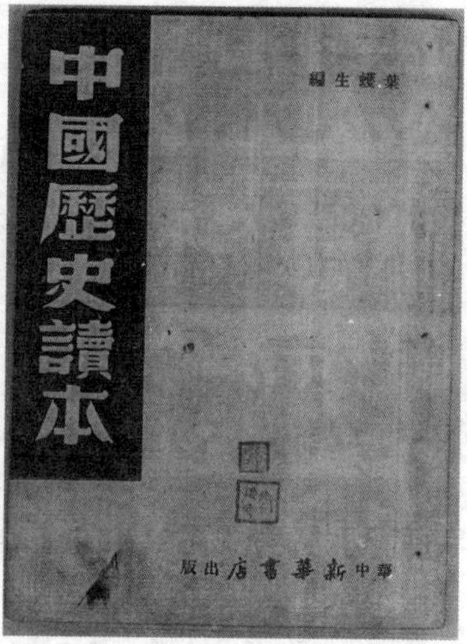

华中新华书店出版的《中国历史读本》

城、涟水保卫战结束，战争重点地区向山东境内转移，苏中沿江沿海一线成为敌我激烈争夺的敌后战场，九分区进入艰苦的敌后坚持阶段，韬奋书店经历了严峻的考验。年底，敌人调集重兵向沿海地区“扫荡”、“合围”，形势十分险恶。九分区韬奋书店在陈一清带领下，又转移到东台弶港的九沟一带。1947年5月，陈一清回到如东长沙镇，着手恢复书店工作。7月，九地委决定把九分区韬奋书店改名为九分区新华书店，8月1日正式在《江海报》上刊登了九分区新华书店的店名。

韬奋书店各县支店在原苏皖一分区转为敌后地区之后，一部分跟随县委机关转移到农村坚持图书发行业务，一部分暂停工作，人员分散到其他单位。紫石县韬奋书店支店可以作为各县支店情况的参照。1945年9月，紫石县委组织部长李进、宣传部长陆荫发起，在海安镇筹建韬奋书店支店。海安镇韩忠义主动捐献稻谷50石，作为书店的基金，书店地点设在海安镇东大街青云巷头一间瓦房内。经报请县委批准，韬奋书店紫石分店经理由陆荫兼任，副经理丁克义，董事韩忠义。经过数月筹办，韬奋书店紫石分店于1946年1月正式开张营业。工作人员小陈管理着几百册从韬奋书店总店批发的图书，在青云巷门朝西的店面内天天开门，接待读者。

1946年8月，华中野战军主力部队北上之后，随着紫石县委转移到农村，韬奋书店紫石分店也转移到海安西北里下河地区，在南莫庄石桥口西首重新营业，店名改为紫石县新华书店。坚持营业到1948年春，书店名称改为新华书店苏中总分店海安支店。1949年春，解放大军准备渡江之前，海安支店员工曾赶赴渡江部队驻地设摊营业。

韬奋书店紫石分店1946年8月之前在海安镇营业期间，除发行销售外购图书外，也曾自行编辑或翻印出版图书，《毛泽东的人生观》是韬奋书店紫石分店正式翻印出版图书之一。

韬奋书店紫石分店刻印的《毛泽东的人生观——为人民服务》

《毛泽东的人生观》，48开本，土纸石印，20页，铁钉装订，竖排右翻。封面右上部为木刻毛泽东头像。左侧上下纵书宋体字书名《毛泽东的人生观》，副题"为人民服务"，书名旁括号内"在华北联大的演讲"。作者署名"张如心讲"。封面底部横署出版单位：韬奋书店紫石分店印行。封底无出版日期、印刷册数等版权信息。

《毛泽东的人生观》是毛泽东思想研究最早著作之一。作者张如心，著名马列主义理论家，曾任《红军报》主编、延安中央党校副校长、华北联合大学教务长等职。1946年初，张如心在石家庄华北联合大学开始进行系统的毛泽东思想研究讲演，第一讲即为《毛泽东的人生观——为人民服务》。1946年3月1日，第一次演讲底稿在萧三任主任的华北文协综合性半月刊《北方文化》创刊号全文发表，迅速传向全国各大解放区。

中共华中分局一地委宣传部长李俊民在《活跃的1946——记苏中解放区文艺运动的一时期》文中写道："这时延安、华北和山东文协的出版物也能运到苏中。《北方文化》创刊号经过几乎已经连成一片的晋冀鲁豫解放区，应该至迟在一个月后就能够到达苏中解放区。"

韬奋书店紫石分店根据《华北文化》创刊号文稿翻印出版《毛泽东的人生观》，应该在1946年5—7月份之间。8月中旬，苏中战役之后，韬奋书店紫石分店转移乡村，进入游击坚持状态，不可能进行图书翻印出版工作。故此，韬奋书店紫石分店版《毛泽东的人生观》有可能成为张如心《毛泽东的人生观》全国解放区众多版本中最早的一个初版本。曾有学者在学术论文中考证影响巨大的张如心《毛泽东的人生观》一书的版本源流，将最早版本定为"山东或冀南新华书店所出版，但山东和冀南出书孰早孰晚，哪个才是真正的初版本，还有待实物发现，再作考察"。该文提及现存最早版本实物为1946年10月渤海新华书店版《毛泽东的人生观和作风》。实际现存最早版本应为紫石韬奋书店支店版《毛泽东的人生观》，至少在未有其他更早版本实物被发现之前应是如此。韬奋书店紫石分店版保留了《北方文化》创刊号第一讲文稿的原貌，而后来各地出版社所出版本，均陆续增加了"毛泽东的科学预见"、"毛泽东的作风"等内容，此为张如心此后在华北联合大学及张家口市"青年讲座"的多次演讲文稿结集。张如心在后来该书的再版时又对文稿进行了多次修改。韬奋书店紫石分店版《毛泽东的人生观》源自演讲底稿第一次发表时未经修饰润色的原初状态，具有很重要的版本研究价值。

40

韬奋书店分为一、九两个分区书店之后，九分区韬奋书店回迁如东掘港镇，在东街原明理书店旧址重新开设书店门市部。同时，九地委调派一些同志加强书店编辑力量，由夏理亚、章品镇、吕荷僧、李正平、严志道等同志组成编辑委员会。

1946年底，形势急转直下，国民党军重兵压境。地委为保存力量，一部分干部坚持原地斗争，一部分干部撤向山东和东台沿海地区。九分区韬奋书店根据地委指示，也分为两部分。陈一清带领一些同志到双甸北乡疏散坚持；另一部分同志北撤，从海上乘船转移去山东。书籍物资运到海边长沙

苏北新华书店出版的《职工文献》

苏北新华书店出版的《列宁的母亲》

苏北新华书店出版的图书

农村埋伏起来，以备形势好转后恢复工作。

国民党军第四十九师集中兵力对如东沿海地区进行“合围”、“驻点清剿”，在占领的大小集镇构筑据点。“还乡团”反攻倒算，进行阶级报复，一片白色恐怖。整个九分区处于极其艰苦的游击坚持斗争阶段。陈一清等同志在双甸北乡地区辗转了一个多月，在当地党组织和区游击队帮助下，被护送转移到东台沿海的九沟一带，在那里为书店编辑图书。

九分区韬奋书店在这一时期，曾多次遭遇敌军“合围”、“扫荡”，在地委领导下，紧紧依靠当地群众，避开了敌人袭击。一次，敌军集中2000余兵力，对如东地区进行报复性“扫荡”。分区得到情报，宣传部长钱静人亲自到书店驻地布置书店转移，所有物资就地埋伏，图书装船运送到驻地附近的大草荡深处，藏在芦苇丛中。人员全部轻装转移。根据情报，敌人的“扫荡”目标在掘港以北地区，这样就准备和敌人兜圈子绕到敌人“扫荡”路线的后面去。傍晚从驻地出发沿海边绕向东南，午夜过掘东兵房镇以南地区，拂晓又遇上三余镇据点出来“扫荡”的敌人。书店人员不幸被敌人发现，遭到敌人追击，被逼到南通县三门闸的海边，所幸正是涨潮时间，最后在渔民帮助下，登上渔船乘潮出海，终于突破敌人追剿。

1947年5月，九分区部队在华野主力部队支援下，持续不断地对敌展开攻击，歼灭了大批敌军，粉碎了敌人的“清剿”计划，打开了新的局面。留守坚持的九分区韬奋书店同志乘船回到如东海边长沙镇，找到地委机关，着手恢复书店工作。经地委选择，书店驻于长沙西约3公里的范公堤南边的季家园。驻地南边是连片的草荡，又靠近海边，比较隐蔽。韬奋印刷厂也驻于长沙以北的十六总，和书店近邻，他们的机器装在海船上，遇有情况，可以随时下海转移。

九分区韬奋书店在长沙镇向一家吴姓茶馆借了门面，开设了书店门市部，由陈其发、杨士培、陈学诗三位同志每天早上挑书去开门营业。

7月，九地委根据华中局宣传部《关于出版发行工作的决议》所提出的“全华中各分区所办之书店统一用新华书店名称”的规定精神，决定将九分区韬奋书店改名为九分区新华书店。8月1日，九分区新华书店正式启用新店名，在《江海报》刊登新华书店新书广告。

九地委非常重视新华书店工作，由宣传部长钱静人直接领导，陆续调进了一批同志，充实了机构，建成一个集编辑、出版、发行于一体的综合性书店。陈一清任经理，书店内设编辑部、营业部、财务、总务四个工作部门。编辑部由李振平负责，编辑有严志道、蔡立峰；营业部由赵宛华负责；财务由崔木三负责；总务由陶君风负责，全店共19人。

经过紧张筹备，书店于1947年8月开始出版图书业务。九分区新华书店第一批出版图书为解放区学校课本《国常混合课本》及《数学课本》，供应已解放地区学校复课使用。

苏北新华书店出版的图书

苏中四地委印刷文件汇编

九地委及分区领导对印刷出版课本工作特别重视，专员公署以专员梁灵光、副专员李俊民、叶胥朝署名，通知南通、海门、启东、如东各县政府，要求“做好统计预定工作”，为学校复课提供教学用书。

1947年10月至1948年12月这段时间，随着解放战争转入全面反攻阶段，九分区新华书店的图书出版发行工作也进入了活跃时期，先后共编辑、翻印出版图书66种，计503200册。书店每月都在《江海报》上刊登新书预告和新书介绍。傅南著文记载，这一时期九分区新华书店编辑出版的图书有：

《自卫战争小丛书》：白得易著《翻身歌谣》《唱大反攻》，见山著《打砂锅》等；白得易著《徐可琴翻身当县长》、施知著《区委书记魏志田》等；编辑部编《诉苦》《蒋管区民谣》《人心向着共产党》《八大战场介绍》《新四军历史故事》《山东大战记》《第二战场的五十万军民》《参军——戏剧杂耍》《大众识字课本》等。

翻印出版的图书有:《李家庄的变迁》《吕梁英雄传》等解放区文学作品;《日日夜夜》《恐惧与无畏》《俄罗斯问题》等苏联文学作品等。

编辑出版的期刊有:64开《唱儿书》,出版5期;16开《大众文化》,出版4期;蒋管区报纸摘录《文汇》,出版3期。

为了配合土改复查和干部“三查三整”学习工作,书店分别印行出版了九地委宣传部编的《领导路线和作风》《目前形势和我们的任务》《划分阶级》《平分土地》《整顿我们的队伍》5种干部学习材料。翻印出版了杜民著《资本主义以前的社会》和《论社会主义革命》,刘芝明著《论资本主义》,徐冰著《资产阶级性革命与革命转变问题》以及《人民公敌蒋介石》和《历史的伪造者》等政治理论书籍。

九分区新华书店编辑出版图书中影响较大者为白得易著《徐可琴翻身当县长》和施知著《区委书记魏志田》,这两部借鉴苏中民间“唱儿书”鼓词形式创作的长篇叙事诗,主人翁一是晒盐工,一是打磨匠,都是在党的培养下,在抗日战争和解放战争中成长起来的当地工农干部,是九分区人民群众家喻户晓的风云人物。这两本书的编辑出版,对推动土改复查工作、干部的查整学习和发动群众坚持对敌斗争起了很好的作用,体现了书店为政治服务、为人民服务的方针。

紧密配合军事斗争,直接为军事斗争服务,也是九分区新华书店重要工作任务之一。书店编印了大量宣传我军战绩和政策,暴露蒋管区人民的痛苦和蒋军士兵内心苦闷,动员蒋军官兵战场反正的路条、传单等64开宣传材料,由敌工部设法送到敌军据点里或用枪榴弹发射到敌军阵地,起到瓦解敌军作用。

九分区新华书店出版的图书均由韬奋印刷厂承印。因敌军对解放区进行物资封锁,印书所需大批量纸张油墨来之不易,所以书店还担负了部分纸张的采购任务,一面在沿海敌军占领的集镇上秘密收购，一面通过苴镇商人从上海采购，保证了出版用纸的正常需要。

九分区新华书店出版图书一般每种印刷3000～5000册左右，不仅在九分区发行，还发往华中各新华书店。图书的发运、中转以及其他书店图书的采购、交换，均由交通站负责传递。书店驻长沙时为如东县交通站掘东站负责。交通站负责图书转运，也负责代收书款。

为适应战时环境，满足读者需要，九分区新华书店还办理图书邮购业务，与九分区交通局发行科签订了邮购简则，由分区交通局通知各县交通站。简则规定：1.为便于各地读者购买书籍杂志起见，特委托各县区交通站的发行站办理邮购业务。2.各发行站办理邮购业务享受优待，本版书8折，外版书9折，非解放区书9折。3.各发行站于收足读者书款后，须将书款、书名、数量汇寄书店不得拖延。4.书款寄送途中遭遇情况而受损失者，由该交通机关证明后，由书店报销，书籍照发。如书籍寄送时遭遇损失亦同样办理。在解放战争3年中，九分区新华书店能及时做好图书出版发行工作，与交通站同志的全力支持是分不开的。

九分区新华书店门市图书销售工作也完全根据战争形势发展，灵活变化，随时供应。哪里战斗胜利结束，哪里就会出现九分区新华书店的流动书摊。1948年初，栟茶镇刚解放，陈一清亲自带了营业员、运输工，沿范公堤60多公里路程去栟茶镇卖书。栟茶中学的师生们把书店同志当做亲人来接待，设摊用的门板、凳子早就备好了，所有图书两天时间全部卖完。书店营业员中年纪小的陈学诗只有16岁，年纪大的杨士培已50多岁，每次流动售书，都是挑着上百斤的书，一走几十里，从未有人叫过苦，大家都为党的图书发行工作能多出一份力而自豪。

苏中各分区新华书店这种流动售书方式，受到各地读者热烈欢迎，同时也锻炼了书店同志的革命意志，养成一心一意为读者服务的工作作风和不怕吃苦的工作精神，并形成新华书店发行工作的优良传统。

1946年初，苏皖一分区各县都曾建立韬奋书店支店，后因内战爆发，华中野战军主力北撤之后，除少数支店精简转移、坚持工作外，各县支店大都停业，人员四散。1947年冬，军事斗争取得很大胜利，九分区曾被敌人占领的大小集镇多数已被解放。九分区新华书店在地委领导下着手进行各县支店重建工作，同时要求在已解放集镇上设立图书销售点，扩大发行阵地。1947年11月25日，九分区新华书店在长沙镇召开了第一次店务扩大会议，各县支店、分销处派人出席会议并交流汇报工作情况。会上如中支店蔡钤、南通县分销处马平等同志分别介绍了在敌人“扫荡”、“清剿”中坚持发行工作的斗争经验。会议讨论决定，普遍建立发行网，要求各区以战区为单位建立中心分销处，多设分销点。

东南支店恢复较早，张成忠担任经理。后张成忠因积劳成疾，不幸于1948年底病逝。行署调派黄嘉禄接任经理。

南通县支店于1948年初在十总埠子重建，马平任经理。

1948年3月13日掘港镇解放，九分区新华书店派杨士培带领陈学诗等同志去掘港镇，在东街原韬奋书店原址恢复了九分区新华书店门市部。

1948年10月丰利镇解放，赵宛华带领童元福等同志推了两车图书去丰利镇开设如东支店门市部。丰利镇从未有过书店，门市部一开门就挤满了读者，门庭若市，带来的200多种图书不到三天全部售完。

九分区各县店对已解放的小集镇发展图书代销点，由各区文教助理物色代销员，自负盈亏，卖不了的书可以向县支店退换。由于各级领导的重视，代销点的布点工作进展很快，截止1948年底，九分区新华书店在全分区设点34处，极大地方便了各地读者购书。

1948年底，自卫战争转入反攻阶段，九分区各县基本为我控制，分区地专机关比较固定驻于苴丰一带，《江海报》社和韬奋印刷厂相继随地直机关西移，九分区新华书店也随迁到苴镇西乡的王家园。9月间，陈一清调苏中党校学习，地委宣传部派王克辛接任九分区新华书店经理。

1949年初，冰雪未消，但春意已浓。1月10日淮海战役胜利结束，我军乘胜挥戈南下，据守在长江以北沿线地区的敌军纷纷逃往江南。九分区部队和县团部队在1月29日至30日两天中先后解放海门、金沙、平潮，并由通海、通西向南通城逼进。2月2日凌晨，我军分东西两路突击入城，南通解放。

此时九分区新华书店正迅速向新区转移。1949年农历正月初一下午，告别驻地乡亲，经理王克辛带领几名同志先行赶往金沙，随后装满图书纸张的两条大船和全店人员乘船出发。船到金沙，在东大街一家铺面，开设了九分区新华书店门市部。新区读者络绎不绝，前来购书。

为了迎接进南通城开业和满足供应新区学校春节后开学所急需的课本，经理室和编辑部研究决定在金沙镇赶印课本。

此时南下解放大军正饮马长江，待命向江南进军。华中新华书店派罗扬等四位同志南来，准备赴南通接受敌人的印刷厂和书店，翻印解放区书籍，为渡江做准备。罗扬等同志刚到海安西曲塘就听到南通解放的消息，立刻雇了一辆民用汽车，于2月4日赶到南通。经军管会安排，和九分区新华书店派来参加入城宣传队的余薇等4同志会合，把华中书店带来的图书在南城门口国民党《通报》社原址开设了华中新华书店门市部，由罗扬领导。

2月8日，王克辛派营业部主任崔木三进城和罗扬联系，并汇报了九分区新华书店在金沙印课本的工作计划。罗扬详述了他来南通的任务："主要是组织重印解放区图书，随大军过江，为开辟江南的图书发行工作做准备。"他建议九分区新华书店抓紧进城，可留部分人员在金沙赶印课本。崔木三回金沙后，王克辛立即向九地委宣传部请示入城安排，并汇报了罗扬的建议。数日后，九分区新华书店20人在王克辛率领下，身着制服进入南通城，在原南门新市场31号（现环城南路42号）开设了九分区新华书店门市部，开始建立南通市新华书店的工作。

41

与九分区新华书店战斗历程大致相同，在东台从韬奋书店分出后，由嵇德华率领转战在南线地区的一分区新华书店也在艰苦的敌后斗争中成长壮大，出版发行了大量图书、课本。特别是在毛泽东等中国共产党领导人著作的出版工作方面，成绩斐然。先后印刷出版有《中国革命与中国共产党》《新民主主义论》等。一分区新华书店所出版图书印刷装帧比较规范，亦有特色。如毛泽东著作《中国革命与中国共产党》，32开本，封面三套色，上部三分之一处为橘红色底仿宋体白色美术字书名，左下角为淡绿底长方框内黑色木刻毛泽东头部肖像。最下部为横排黑字“华中新华书店一

韬奋书店刻印的《中国抗战史讲话》

华中新华书店一分店出版的《农民乐》

分店出版”，其中“新华书店”四字为手写体。整幅封面设计既大方又美观，令人赏心悦目。

《农民乐》，64开本，封面局部洋红色地，左上角白色美术字书名，余下封面大部分为木刻画，一群农村群众，有老人、妇女、儿童，兴高采烈地围着一位年青姑娘，姑娘手中高扬着一本翻开纸页的书籍。画面活泼生动，充满生活气息。底部横排编辑出版单位名称。袖珍型开本，便于随身携带。

《农民乐》由华中一分区《农民画报》社编辑，一分区新华书店1948年4月出版，为农村演唱集。一分区江海印刷厂承印。扉页“几句开场白”中用方言说明：

老早我们就想编印的《农民乐》，现在编出来了。《农民乐》里头，全是说的农民翻身斗封建以及反蒋自卫斗争的情形，用小调、快板等形式唱出来，作为翻身农民娱乐的材料，而且有许多是乡村工农干部自己做的，从这本书里，一面反映农民翻身后的快乐情形，一方面也反映翻身农民文化上的翻身。

解放区农民经过两年反封建剥削的土地改革运动，经过一年多的反蒋自卫斗争，夺回了自己的田，保住了自己的田，的确派欢喜。特别是目前又在进行彻底平分，解放军在全国反攻势如潮水，彻底消灭封建，打到南京去，活捉蒋介石的日子，已经不远了，不是应该更加快乐吗？

我们希望各县区农村剧团，民间艺人，翻身农民，大家都把翻身歌儿唱起来，识字的照歌本上学着唱，教人唱；不识字的跟人家学着唱，会前会后唱，生产时唱，跑路时也唱，在家里唱，在外面也唱，不分男女老少，你唱我唱，大家总唱，把解放区翻身农民的快乐唱把大家听，唱到蒋管区，唱到上海、南京，唱到全国去。

从《农民乐》目录中的作者单位可以看出，作者来自整个华中一分区，既有长江沿线的泰兴地区，也有黄海之滨的台北地区，亦有里下河边缘地区和通扬运河沿线地区。

《农民乐》封底印数为一万册，这种主要在一分区发行的书籍，如此印数非常惊人，可见此书之受人民群众欢迎以及读者面之广。同时也可以看出一分区新华书店的发行系统之完备与发行力度之强大，以及江海印刷厂的图书印刷规模与力量。

从《农民乐》编辑出版单位署名上可以看出，华中一分区新华书店还编辑出版有一份《农民画报》，可见一分区新华书店编辑出版图书内容形式及品种样式之丰富。

华中一分区新华书店编辑出版的大型综合性期刊为《江海大众》杂志，从1946年创刊，一直坚持出版发行到1948年。《江海大众》杂志16开，102页，华中一分区文化协会主编。定价华中币600元。苏皖边区各分区、各县书店均有销售。

华中二分区即原苏中二分区（高邮宝应地区）新华书店在统一店名之前为人民书店，与二地委机关报《人民报》为姐妹单位，除负责二分区全部学校课本教材印制供应外，也编辑出版了不少政治理论与文学艺术书籍，如《十年来中共重要宣言集》、期刊《人民画报》等。人民书店创办于1946年2月，店址在兴化县城内。同年4月，人民书店迁往高邮县，不久后改名为苏皖边区二分区新华书店。

二分区新华书店《人民画报》创刊于1947年8月，为4开大型画报，5日一期。1947年12月，从第21期起改刊为8开版。定价为华中币50元。各代销处及读者每10期起订，由分区邮管分局所属各县区交通站代订。

二分区新华书店因编辑出版《人民画报》，美术编辑力量较强是其特色，因之编辑出版的《读报参考地图》亦成为二分区新华书店有影响的品牌书之一。该书为系列图书，1947年底已出版其中《华中及中原部分》《东北部分》《华北部分》等数种，每种定价华中币200元。

彩色毛主席像也是二分区新华书店新年出版主要作品，2开白报纸彩色精印。1948年1月18日《人民报》中缝，二分区新华书店广告中写道：

> 书店新年新供献，精印毛主席像，画得比从前好，印得比从前精！我们农民翻了身，不要忘了大恩人。翻身靠了哪一个？毛主席帮了我们大穷人。腊月一过是新年，今年不供泥菩萨浪费钱，请张毛主席像堂前挂，也表表我们好心田！

同期广告上还有《大家唱》《战斗文娱》等供春节农村文娱活动的书籍。

二分区新华书店编辑出版的彩色印刷品还有《商士轩翻身连环画》，实际上是一种以连续故事画形式绘制而成的整张条屏年画，由两整张白报纸五色套印组成，很受农民喜爱，春节购回贴在屋内墙上，平添许多新年喜气，又于无形中接受潜移默化的政治教育。

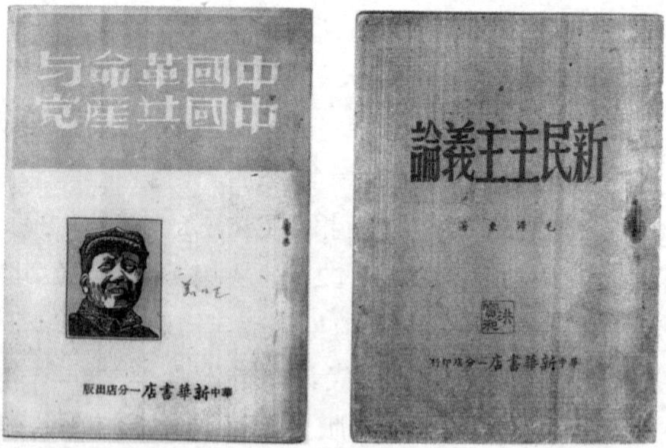

华中新华书店出版的图书

1947年11月，苏中韬奋书店与苏北新华书店合并成立华中新华书店，总经理由华中工委宣传部副部长徐进兼任，编辑部主任陈允豪。华中新华书店本部设在射阳县。随着苏北城镇相继解放，华中新华书店及所属门市部、印刷厂搬迁到板闸镇，结束了“游击”生活，在一个较为安定的环境中开始大量编辑出版发行华中版图书。

抗日战争胜利之后，中共华中局曾在淮阴成立华中新华书店总管理处，店址在淮阴市新马路对面一条小巷内。总管理处设经理室、编辑部、出版科、发行科、秘书科等，人员编制为23人。经理华应申，副经理华青禾，编辑部人员有杜诺、李力行、王戈、林洁、林琼、刘锴、刘峰、范真、宋原放等以及原任职于淮南出版社及苏中出版社的高志平、鲁峰等同志。书店人员以原盐阜报出版科和苏中出版社同志为主要骨干力量。

内战爆发后，华中新华书店总管理处以及所属书店、印刷厂于1947年2月撤向山东境内，与山东新华书店合并，成立华东新华书店。

中共华中工委新成立的华中新华书店这一时期所编辑出版的图书，以宣传马克思列宁主义、毛泽东思想及中国共产党

华东新华书店出版的党校教材《整风文献》

的方针、政策为主。如毛泽东著作《目前形势和我们的任务》《中国革命和中国共产党》《新民主主义论》《论联合政府》《农村调查》等；刘少奇著《论共产党员的修养》、朱德著《解放区战场》等；以及《整风文献》《怎样进行土地改革》等。随着解放战争的胜利进程，一些为青年干部学习所用的社会科学著作也大量出版发行，如《中国历史读本》《社会发展史略》《共产主义人生观》《列宁主义问题》《苏联的家庭婚姻与母性》《蒋宋孔陈四大家族》等。一些老解放区优秀文学艺术作品也被编辑翻印，以《新文艺丛刊》等形式陆续出版。

《新文艺丛刊》第一辑为《论赵树理的创作》，要目中有周扬、茅盾等论赵树理创作文章，赵树理小说新作及论文《艺术与农村》等。

华中新华书店曾先后多次编辑出版过有关新闻工作的书籍，供各分区、县报社新闻工作者学习所用，如《新闻学讲话》《新闻工作文献》等，这在解放区图书编辑出版史上以及解放区新闻工作史上尚属首创。

华中新华书店于1947年底编辑出版适应工农群众阅读

华中新华书店出版的《新闻工作文献》

的大众期刊《翻身》，发行量较大，各分区书店及各县书店均有销售。《翻身》为大型综合性半月刊，第一期于1947年12月16日出版。栏目有“大众文艺”，主要发表故事、诗歌、小调、鼓词、木刻等；“大众知识”，主要登载时事常识、科学知识、大众卫生等，内容丰富多彩，文章短小活泼，很受人民群众欢迎。华中各区县报纸均刊登每期《翻身》主要内容预告。

1949年2月，中共华中工委宣传部决定，华中新华书店全体人员到江都县仙女庙集中学习，准备渡江，筹建江南新华书店。原华中一分区（泰东地区）、二分区（高宝地区）、九分区（启海地区）新华书店干部留在江北，筹建苏北新华书店。

1949年4月，原苏中四分区明理书店经理、苏皖一分区韬奋书店副经理、华中九分区新华书店经理陈一清调任新组建的苏北新华书店副经理、经理。这一时期，苏北新华书店仍以编辑出版图书为主要业务，以适应整个苏北解放区急遽增加的读者需求。

5月，原九分区新华书店改称为苏北新华书店南通分店，业务逐渐转向以发行图书为主，但在新中国成立初期仍出版部分课本和图书，如张如心著《毛泽东论》等。

苏北新华书店南通分店出版的《毛泽东论》

42

1942年12月，中共苏中区党委机关报《苏中报》创刊后，区党委宣传部长兼《苏中报》党报委员会副书记俞铭璜在主管《苏中报》同时，积极创造条件，组建苏中出版社、苏中画报社、《生活》杂志社。俞铭璜身体力行，深入工作实际，组织力量，分工合作，从撰稿、编选、设计、排版、校对、印刷等所有环节，他都事必躬亲，一一检查落实，解决问题。《苏中画报》《生活》杂志先后出版发行。苏中出版社也于1945年初正式成立。

《生活》杂志，26开本，隶属《苏中报》社，《苏中报》社长、总编林淡秋兼任主编，编辑有蔡迪、陈怀白、姚溱、琳琳、徐延铭等。《生活》为综合性期刊，刊载文章以理论、文学、报道为主。1945年底，《生活》杂志划归苏皖边区政府教育厅领导。

苏中出版社成立仅一年，就出版各种图书30多种，其中一些图书印制装帧非常精美。如翻译书籍《柏林之战》，内收《西行漫记》等文章，为彩色绘画插图本，32开，99页，这在解放区出版书籍中很罕见。书籍内页正文中加印彩色插图，既对纸张质量要求很高，也对印刷装帧工艺有很高技术要求，在此时解放区物质条件极其匮乏，出版图书大多为土黄色草纸的情况下，能出版这样精美的书籍可以说是一个奇迹。

苏中出版社建立初期出版图书中重要品种为毛泽东著

作单行本，大多以“整风学习参考资料”形式出版，先后出版10集，850页，共138篇文章，供各分区整风运动学习所用。此为后来出版苏中版《毛泽东选集》做了充分准备。

1943年至1945年之间较长一段时间内，俞铭璜开始系统收集、编辑毛泽东著作，至1945年上半年，已编好《毛泽东选集》一至四卷书稿，并作好封面设计、开本装帧、纸张字体、排版进度等要求后，交给苏中出版社编辑部负责人杜诺进一步落实出版事宜。

苏中出版社出版图书由苏中报印刷所书版厂印制。苏中报印刷所书版厂驻地在宝应县射阳湖镇西北8里许的冲林村东首一座大庙内。

苏中报印刷所书版厂由从苏中三分区原《江潮报》印刷厂调来的部分人员和设备与《苏中报》印刷所部分人员和设备组合而成，专为苏中出版社印刷图书而组建。曹智杰任印刷所书版厂负责人。

苏中出版社出版的《毛泽东选集》

1945年5月，俞铭璜主编《毛泽东选集》在苏中报印刷所书版厂开始排版。杜诺为责任编辑，周岩负责校对。因为没有打纸型设备，便以活字版上机直接印刷。

1945年7月，苏中出版社正式出版发行《毛泽东选集》（第一卷）。

1945年4月，刘少奇在党的"七大"会议上所作的修改党章报告中强调："一切党校和训练班，必须用毛泽东同志的著作为基本教材；一切干部，必须系统地研究毛泽东同志的著作；一切党报必须系统地宣传毛泽东思想；为了适应一般党员的水准，党的宣传部门，应将毛泽东同志的重要著作，编为通俗读物。"由于毛泽东同志的领袖地位的确立和毛泽东思想确立为中国共产党的指导思想，因而，《毛泽东选集》的编选和出版也就成了历史的必然。全国抗日民主根据地中的一北一南，即晋察冀边区和苏中根据地，两位党的宣传工作者，晋察冀边区党报委员会书记兼《晋察冀日报》总编辑邓拓，苏中区党委宣传部长兼《苏中报》党报委员会副书记俞铭璜，率先受命负责策划和编选工作，《晋察冀日报》《苏中报》两家报社印刷厂负责排印，公开出版了各自编选的《毛泽东选集》，从而开创了我国历史上编选和出版《毛泽东选集》的历史新纪元。

苏中版《毛泽东选集》（第一卷），小32开本，新5号字竖排，124页。封面采用右侧套红印刷，上部从右到左横排美术字书名，中部左侧黑色毛泽东同志头部木刻肖像，该肖像由苏中报美术编辑杨涵同志创作木刻制版。封面右下角印"1"字，表示卷数。封面下沿横排出版单位：苏中出版社出版。封面设计美观大气。

苏中版《毛泽东选集》封底印有印数及价格："1～20000，抗币6元"。原计划印刷出版20000册，实际出版发行约3000册。

苏中版《毛泽东选集》是继晋察冀边区之后出版的第二部《毛泽东选集》，出版时间较早，是其版本特点之一。特点之二是，苏中根据地处于沪宁抗日前哨，远离党中央，形势严峻，战斗频繁，收集材料十分困难。能够见到的毛泽东同志著作，除公开发表于党报党刊上的之外，就是从电台收到的电报和电讯，以及从延安、重庆、各解放区辗转带来的进步书刊上所发表或转载的文章。同时苏中出版社自身出版印刷条件也比较差。在此情况下，能够较早编选出版《毛泽东选集》，供干部、党员、群众学习，实属不易，因而意义也特别重大，充分说明了中共苏中区党委极其重视以马列主义、毛泽东思想武装干部群众，既重视武装建设，又重视思想政治和文化建设。

苏中版《毛泽东选集》特点之三，是具有其他版本《毛泽东选集》所没有的一大创举，就是精心收入了多年来分散在各种材料中的中国共产党中央领导干部刘少奇、朱德、周恩来以及王稼祥、李富春、徐特立、彭德怀、邓发、罗荣桓等乃至日本共产党岗野进等18位同志的谈话、文章中有关对毛泽东同志和毛泽东思想的精辟论述共约2万字，集中起来定

全国人民动员起来回击美蒋武装进攻（木刻）　程默

名为“论毛泽东思想”，作为代序，排印在《毛泽东选集》正文前面，这是首次在《毛泽东选集》中使用“毛泽东思想”这一词句。这个创举是和策划及主编者俞铭璜长期重视并认真学习、运用毛泽东思想有着直接因果关系的，他是继张如心、王稼祥、刘少奇等同志最先提出“毛泽东思想”这一观点之后，又一个较早从事“毛泽东思想”的学习和研究者。解放初期，俞铭璜在任江苏省委宣传部长期间，曾把他学习和研究毛泽东思想的心得和成果以讲座形式，写成一本共20讲约10万字的《浅谈毛泽东思想》（未刊稿）。

苏中版《毛泽东选集》（第一卷）正文共收入毛泽东文稿11篇，其中《中国抗日民族统一战线在目前阶段的任务》《反对日本帝国主义进攻的方针办法与前途》《国共两党统一战线成立后中国革命的迫切任务》《关于共产党与抗战及民主政治问题》（与英国记者的谈话）《关于抗战与团结的前途问题》（与美国合众社记者的谈话）《抗日游击战争的战略问题》等6篇文稿，是晋察冀日报社版、大连大众书店版、晋察冀中央局增订版《毛泽东选集》都收入过的。还有5篇文稿，是建国前出版的各种《毛泽东选集》所未曾收入过的。

《关于“一党专政问题”》（与延安新中华报记者的谈话），这篇文稿并非毛泽东著作，而是由当时在武汉的王明起草，以毛泽东向延安新中华报记者其光谈话的名义发表的，并且在发表前也没有经毛泽东看过。俞铭璜当时显然并不了解这些情况，而误将其收进了《毛泽东选集》第一卷。《在纪念孙中山逝世十三周年及追悼抗敌阵亡将士大会的演讲》《在延安各界国民精神总动员“五一劳动节”大会演讲》《五四运动》《与世界学联代表乐满、柯雅德、克雷雅的谈话》，这些演讲和谈话，内容大多涉及抗日民族统一战线问题，显然为抗战斗争需要而编辑出版的。

苏中版《毛泽东选集》究竟编辑了几卷？这些书稿后来去了哪里？后来陆续出版的1946年4月华中新华书店版《毛泽东选集》（第五卷）、1946年7月胶东新华书店版《毛泽东选集》（第一和第五卷）、苏北新华书店版《毛泽东选集》是否和苏中版《毛泽东选集》（第一卷）有一定的内在联系？以上这些问题，进入21世纪后，已有一些学者或当事人在研究文章中涉及。

原在苏中三分区《江潮报》社印刷厂工作，后随印刷厂部分人员调派组建《苏中报》印刷所书版厂，亲自参加苏中版《毛泽东选集》（第一卷）印刷出版工作，任苏中版《毛泽东选集》（第一卷）唯一校对员的周岩认为：苏中版《毛泽东选集》当时就只出版了第一卷，这是应该肯定的。至于俞铭璜已编好的《毛泽东选集》其他几卷文稿后来都到哪里去了？根据时任苏中版《毛泽东选集》责任编辑的杜诺简略回忆，是他把编好的其他各卷书稿带到淮阴后，在生病住院治疗之前交给了华中新华书店。这时苏中出版社已经撤销，编辑部部分人员合并到新组建的华中新华书店编辑部。因此，华中新华书店1946年4月版《毛泽东选集》（第五卷）很有可能就是按照俞铭璜所编辑书稿，或稍加编辑、设计出版的。目前华中新华书店版《毛泽东选集》仅发现第五卷，第二卷至第四卷是否已出版尚有待研究。

苏北新华书店版《毛泽东选集》（第一卷），对比存世书籍，和苏中版《毛泽东选集》（第一卷）封面设计、版式、甚至《论毛泽东思想（集录、代序）》中差错都一样，如将目录中罗荣桓误排为聂荣臻，所以定为苏中版《毛泽东选集》翻印再版无异议。

胶东新华书店版《毛泽东选集》（第一卷），从其封面设计、版式、正文内容、代序来看，应该也是按照苏中版《毛泽东选集》（第一卷）重排翻印出版的，代序目录差错依然存在。但胶东版《毛泽东选集》（第五卷），有人分析是按照晋察冀中央局增订本印制，周岩则认为，很大程度上是根据华中新华书店版《毛泽东选集》（第五卷）翻印出版，因其设计、版式、封面、正文所收篇目等均与华中版相似。抗战结束后，新四军军部和中共华中分局北上与山东军区、中共山东分局合并组建中共中央华东局和华东军区，在这样的组织体制和条件下，胶东新华书店重排翻印再版苏中新华书店版与华中新华书店版《毛泽东选集》第一卷与第五卷，是顺理成章的事情。

苏中版《毛泽东选集》已经成为毛泽东著作出版史上一个里程碑式的重要组成部分，也成为极其珍贵的中国革命历史文献。苏中版《毛泽东选集》（第一卷）更是苏中抗日民主根据地、解放区文化工作的标志与光荣。

后 记

2009年10月，南通博物苑、南通市文博协会联合举办“纪念中华人民共和国成立60周年南通市民间红色收藏大展”，我选送历年收藏的200余件“苏中解放区革命历史文献”参展。这些出版于血与火的年代，熏染着抗日战争、解放战争硝烟的报刊书籍，是我在近20年间，一件一件艰难收集起来的，终于在祖国60华诞这样一个特殊的日子，让它们重现光彩。

时过年余，机会再次降临。南通市江海文化研究会决定编辑出版《江海文化丛书》第二辑，将我所报送的《苏中战地文化》列入选题，这样，我即开始了对樟村所藏的“苏中解放区革命历史文献”系统梳理和研究，并写成这部书稿。

1940年，新四军东进抗日之后，建立苏北抗日民主根据地。1941年3月19日，中共中原局指示，为了适应新的抗日战争形势，根据地实行“小省制”，苏北地区划为苏中、苏北两个区。苏中区范围：东濒黄海，南临长江，西至京杭大运河，北与盐阜、淮海地区毗邻。中共苏中区军政党委员会下设四个地区委员会和一个特别区委员会，分别领导苏中军区所属四个军分区及苏中四个分区行政专员公署、一个特别区。

一分区为江都、高邮、宝应、兴化地区，二分区为东台、台北（大丰）地区，三分区为靖江、泰兴、如西（如皋）、泰县（姜堰）、泰东（海安）地区，四分区为南通、如皋（如东）、启东、海门地区。特别区为曲塘、南莫等联抗部队地区。总面积23000平方公里，人口800余万（1941年统计数据）。苏中抗日民主根据地军民与日伪军展开了英勇顽强的武装斗争，在反“清乡”、反“清剿”斗争中取得了辉煌胜利。与此同时，民主政权、文化教育等根据地建设也取得巨大成就，在全区蓬勃开展的战地文化工作为动员群众、组织群众、鼓舞军民斗志起了很大的影响作用，一批脍炙人口的优秀文艺作品传之久远，直至21世纪的今天，仍然为人们所耳熟能详，已成为祖国文学艺术宝藏中的精品。

苏中地区滨江临海，自古民丰物阜，吴韵汉风于此交汇浸淫，文化渊源深厚，历代人文荟萃，经学家如胡瑗、王艮、阮元等，训诂学如王念孙、王引之等，书画家如郑板桥、罗聘、汪士慎、李方膺、金农等，诗赋家如范仲淹、欧阳修、王观、秦观等，小说家施耐庵、吴承恩等，戏剧家如李渔、焦循等，均在中国文化史上具有其重要地位。晚清状元张謇主张“父教育、母实业”，身体力行，在通如海启及盐阜垦殖区普遍兴办学校，以启民智；在南通建立博物苑、师范学校、伶工学校、更俗剧场，首开中国新文化建设风气之先。民间重文重教，形成传统，为苏中根据地、解放区文化工作奠定了基础。

苏中根据地、解放区文化运动取得的成绩，主要来之于中共中原局、华中分局及苏中区党委的坚强领导。刘少奇、陈毅、粟裕等同志对文教工作的高度重视与亲自部署，直接推动了苏中文教工作的全面开展。中共中原局、华中分局书记、新四军政委刘少奇视察苏中根据地时指示：“如果我们能在深入的教育工作中吸引数百万基本群众与青年儿童，使他们不论在什么困难的情况下都跟随我们走，那我们就要成为不可战胜的力量。”

新四军代军长陈毅在海安文化工作座谈会上的讲话，明确提出苏北抗日民主根据地文化工作的要求：“目前的苏北的文化工作任务，就是服从建立苏北抗日民主根据地的总任务。以抗战教育教育青年，以抗战教育教育几百万人民。内容是抗战的、科学的、政治的，形式是通俗的。文化工作不是单个文化人的努力，而是整个政治军事工作的一个重要配合部门。行政力量、政治力量、军事力量，都可以予文化工作以帮助。建立由上至下的各级文化机关，建立各级衔接的学校教育系统和制度，建立普遍农村市镇的成年人的政治文化教育，建立普遍深入广泛的工余课余业余的文化娱乐，使每个人都有受教育的机会，每天每一个人都能与文化有所接触。因此立即在苏北应该有大小报馆、大小书店、大小印刷局、大小图书馆、大小剧团、大小的艺术作品、大小学校来担负苏北文化工作的任务。因此更需一万个至五万个文化干部来参加这一伟大工程。这种大规模的计划，不仅是抗战文化推行的眼前需要，而且已经是建国的文化改革的伟大任务之开始。”

新四军一师师长兼苏中军区司令员、中共苏中区委书记粟裕在《苏中报》发表亲自撰写的长篇《发刊词》，强调指出：“武装头脑是进行武装斗争的先决条件”，“党指示我们一条最高的原则，就是要一切为了抗战、为了坚持、为了胜利，也就是说一切为了武装斗争。否则就什么也谈不上，或者说，什么也弄不好。而在进行武装斗争中，又有一个先决条件，就是武装头脑，就是要使我们全体干部、党员和群众，在思想上政治上工作上，都能应付任何变化、任何险恶、任何艰难困苦，在任何惊涛骇浪之中，斜风泼雨之中，出生入死之中，能够不断发扬革命斗志，坚定胜利信心，兀然站稳在自己的哨岗上、战线上和阵地上”。

1942年，毛泽东《在延安文艺座谈会上的讲话》发表之后，更成为全党文化工作的指路明灯，文艺成为“团结人民、教育人民，打击敌人、消灭敌人的有力武器”。苏中抗日民主根据地文化建设工作得到更加迅猛的发展与空前的繁荣。

1941年初，毛泽东致电在重庆的周恩来、叶剑英：“请你们除对生活教育社人员加以联络，鼓励他们去苏北外，同时亦对黄炎培、江问渔、张一麟、褚辅成等江浙民族资产阶级之代表加以联络争取工作，向他们说明苏北事件真相，说明我们在苏北的各种政策，征求他们对苏北的意见，约请他们派人和介绍人到苏北去办教育文化事业，去投资兴办实业。”

在中央指示下，新四军陈毅代军长通过上海地下党组织，向上海等大城市文化教育界人士发出热情邀请，一大批优秀文化艺术工作者相继进入苏中、苏北抗日民主根据地，投身抗日洪流，使苏中、苏北根据地的文化教育工作无论量和质都得到极大提升。他们都是此时全国著名的文化名流与艺术名家，如文化名人邹韬奋，著名记者范长江，音乐家贺绿汀，剧作家阿英，美术教育家许幸之，“左联”作家丘东平、林淡秋、彭柏山、孙石灵、李俊民、夏征农、黄源等，版画家赖少其、莫朴、芦芒、沈柔坚等，戏剧家许晴、刘保罗等，教育家刘季平等。

新四军部队内也活跃着一批优秀文艺人才，如战地服务团中李增援、章枚、涂克、杨涵、高斯、沈亚威、沈西蒙等同志。俞铭璜、史白等同志是苏中本土文化艺术人才中的优秀代表，他们写作了《新人生观》等大量优秀作品，为苏中、华中乃至全国各大革命根据地、解放区文化建设作出了巨大贡献。一批在抗日战争和解放战争烽火硝烟中成长起来的年青文艺战士，在苏中根据地、解放区得到培养与锻炼，新中国成立后均以苏中斗争生活为背景，创作出了在中国军事文学史上具有重大影响的作品，如吴强、茹志鹃、胡石言等，他们分别创作的小说《红日》《百合花》《柳堡的故事》成为20世纪50年代享誉全国的优秀文学作品，并影响至今。

苏中区党政军各级组织为苏中根据地、解放区文化工作提供了强大的组织保证与支持。各级党委宣传部、文教科对直属各文化单位与团体直接领导。各级党报均建立区委、地委、县委书记任书记、宣传部长任副书记的党报委员会。华中文化协会成立之后，各分区均相继建立文协分会，成为各类文学艺术类报刊或图书主编单位，具体指导开展各类文化艺术活动。各级党委经常以文件或会议等形式及时下达对诸如春节文娱活动、"冬学"等群众文化工作的决定和部署，有力推动了根据地、解放区文化建设。中共苏中区委文件《关于坚持苏中长期斗争的决定》在"教育问题"部分指示："必须了解到教育是提高民族自尊心、加强人民抗战能力、培养大批干部人才，以与敌伪进行长期斗争不可能少的武器，教师是开展农村统一战线工作之主要环节，因此如不积极推进教育工作发展，就不可能巩固根据地，坚持长期斗争就成了空谈。"1943年，苏中区已有中学55所，学生7802人；小学1531所，学生105944人。冬学等短期培训班、识字班遍布全区各县乡村。

苏中抗日民主根据地党政军主要负责人粟裕尊重知识，尊重人才，把提高部队、特别是干部的科学文化素质放在部队建设的重要地位，他指出："我们部队要真正变成现代化，提高干部的水平是先决问题。"在组建新四军第一师同时，就创办了第一师抗日军政干部学校，1942年改称抗日军政大学第九分校，粟裕兼任校长。不久，又创办苏中公学，粟裕兼任校长，利用苏中文化教育事业发达，又靠近上海等城市的有利条件，大量吸收知识分子，经过短期培训，把他们分配到部队、地方担任军事、政治干部，让他们在斗争实践中锻炼成长。据统计，知识分子在新四军第一师营以下干部中占60%，在连队指导员中占80%～90%之多。在师团级干部中有不少是大学生，甚至从海外归来的留学生。新四军一师政治部及各旅均建有相当规模与较高艺术水准的战地服务团，集中了一大批具有多种文艺才能的优秀知识分子。这批军事、政治、文化干部在苏中区武装力量建设和根据地建设中发挥了巨大作用，许多人后来成为优秀的军事将领和宣传文化部门主要领导以及著名的作家、艺术家、科学家。

苏中根据地、解放区文化运动，极大地提高了工农群众的文化水平，遍布乡镇的读报组、通讯组、识字班、冬学、民校，使得许多原本一字不识的农民、工人、妇女、民兵，都开始学习文化，懂得很多抗日救国与民主建设的道理，了解了阶级剥削的本质，确立了主人翁的思想意识。特别是许多在斗争实践中成长起来的工农干部，他们已经逐渐知识分子化，成为很有能力的干部和群众运动领袖。文化运动在苏中根据地、解放区各项建设工作中起了极大的推动作用，动员与吸引了广大人民群众热情参加各项工作。如在参军运动中，许多镇村剧团都演出送夫参军、送子参军等戏剧，以真实的典型事迹编创剧本搬上舞台，收到了很好的宣传效果，往往在演剧之后，许多青年立即跳上舞台报名参军。演剧与歌咏等文化活动成为诸如土地改革等重大运动的前奏曲。繁荣的文化运动，空前活跃了与革新了苏中根据地、解放区人民群众的生活，使人民群众在艰苦的斗争中看到光明、看到希望并充满必胜信念。

苏中根据地、解放区文化运动是全国革命根据地、解放区文化运动的一个重要组成部分。

20世纪90年代初，南通市文化局、中共南通市委党史工作委员会联合主编了南通革命文化史料选辑《江海号角》，并由黄山书社出版，及时抢救保存了一批珍贵的历史资料。《苏中战地文化》写作过程中，参考利用了其中以苏中四分区即其后苏皖边区一分区、九分区为主的有关文化工作史料；1983年内部发行的江苏省文联主编《江苏革命根据地文艺资料汇编》（苏北部分）为《苏中战地文化》书稿的写作，提供了苏中根据地部分文艺作品查阅摘录的便利；一些当年战斗在苏中地区的老同志发表在刊物上的回忆文章，不少党史、文史学者的研究成果，也在书稿的写作过程中被参考与运用，在书稿正文中均写明了原作者，不再另注。对上述单位和个人，作者表示诚挚的谢意。

作者特别感谢南通市江海文化研究会及“江海文化丛书”编委会的各位领导和同志，是他们的决策和对这一选题的肯定，最终促成了这部书稿的写作与出版。

作者初涉革命文化史研究领域，囿于学识及个人收藏苏中根据地、解放区历史文献有限，这部书稿虽在以苏中根据地、解放区为范围的革命文化史研究上首先破题，却非严格意义上的学术著作，且难免有错误或遗漏之处，祈请批评教正。

张贵驰

2011年6月，初稿于海安城南樟村